ホテルアルピーナの二階のテラスにはゼラニウムと各国の国旗が。
奥はゲルサウの町。手前はブルンネンの船着場 （写真１）

眼下に美しいウエギスの町と四森州湖が見える （写真２）

イタリアらしい雰囲気のベラッジョの町並みとコモ湖（写真３）

ロゼックの谷を進む馬車。左右にから松林、左側に小川、
奥に氷河が見える（写真４）

河原で花を摘む（写真５）

日本語の駅名（写真６）

ズロバス駅の鳥小屋　（写真７）

スクオル駅のバス停のベンチに置いたリュック。昨年ツェルマットで150円で買ったもの。水筒には、ポントレジーナの水飲み場の水が入っている（写真８）

イグリスのバス停 （写真９）

教会と湖を背に撮影（写真10）

登山電車からウォルフガング湖を望む （写真11）

モーツァルトの母親の生家の噴水（写真12）

車中での楽しい一時（写真13）

コッヘム城から見たモーゼル河の下流（写真14）

モーゼル河の遊覧船上での折り紙教室（写真15）

永井チロル

誰にでも行ける ヨーロッパ旅行

花の女性3人旅

文芸社

はじめに

山上　晴江

昨今、多くの人が海外旅行に出かけるようになりました。若者たちや一部の年配の方たちは自らの力で出かけることが出来ますが、多くの人たちはツアーに頼って出かけざるを得ないのが現状です。高い旅費、希望に合わない旅行先、過密スケジュール等、不満は色々ありますが、外国語が話せない以上止むを得ずツアー旅行に参加している方が大多数だと思います。実を言いますと、このわたしも外国語が話せません。それでも、昨年の夏、何とかヨーロッパ旅行に行って来ました。ですから、数回以上、海外旅行を経験されている方や、カルチャースクールで語学を学んでおられる方なら、御自分の力で海外へ出かけることが出来ると思います。

申し遅れましたが、わたしは山上晴江と申します。年齢は四六才です。大学病院で事務の仕事をしていますが、登山が好きで山岳部に属しています。数年前に主人を亡くし、一人暮らしの気楽さもあり、ここ最近、九重山、石鎚山、日本アルプスなどに登りました。

一昨年、パリで医学の学会があったおり、山岳部の永井先生がわたしとわたしの友人の井口和子看護婦を誘って下さいました。彼女は四二才で独身です。山岳部には入っていませんが、時々、わたしといっしょに山に登りますので、先生は彼女も誘われたのでしょう。わたしは先生にお願いして、わたしの従姉妹で山が好きな中村圭子も同行させていただきました。彼女は三〇才でピアノ教師をしており、やはり独身です。

パリでは、先生は学会で多忙でしたので、わたしたちは三人だけで行動しました。わたしと同様、友人の二人も外国語が話せません。ほんの、ほんの片言だけ英語が話せる程度です。学生時代に学んだ役に立たない英語です。おそらく、カルチャースクールで数ケ月間英語を学ばれた方のほうが、わたしたちよりずっと上手だと思います。それでも、ベルサイユ宮殿に出かけたり、オルセー美術館を見学したり、何とかなりました。学会が終わると、先生の同僚で、やはり山の好きな先生も御一緒され、五人でマッターホルンに登りました。とても楽しく素晴らしい旅行でした。

昨年もドイツで学会があり、先生はわたしたちを誘って下さいました。わたしたちは、喜んで先生のお誘いにのり、計画の段階から話し合いに加わり、用意万端整えて出発の日を待っていました。ところが、出発二日前になり、先生の御家族に御不幸があり、先生は行けなくなりました。不安になったわたしたちは、今年の旅行は中止しようか、と話し合いました。でも、結局は頑張って出かけたのです。旅先では、楽しかった事、困った事、嬉しかった事、心配した事、いろいろありましたが、今になれば楽しい思い出です。わたしたちが、旅の思い出を余りにも楽しく話すのを聞かれた先生が、わたしたちの旅の思い出を作文に書いてみたいと提案され、出来上がったのがこの旅日記です。こんなわたしたちですら、何とかやってこれたのです。さあ、みなさん、わたしたち三人のどたばた旅日記を読み、自信をつけ、明日にでも、出発して下さい。

目次

ヨーロッパの旅の予定表

❶9日（木）　福岡 10：00→11：30 ソウル 14：00→18：50
チューリッヒ→（汽車70分）→ ブルンネンまたは
フリューレン
ブルンネンまたはフリューレン泊（スイス）

❷10日（金）　四森州湖：遊覧船。リギ山：フィツナウ→
（登山鉄道）→ リギクルム（1800m）リギクルム
→（ハイキング90分）→ リギカルトバート（1440m）
→（ロープウェイ）→ ウエギス　スイス建国の道
：ハイキング（バウエン→ フリューレン9km）
ブルンネンまたはフリューレン泊（スイス）

❸11日（土）　ブルンネン（フリューレン）→（汽車120分）
→ ルガノ（ルガノ湖畔）→（バス60分）
→メナッジョ（コモ湖畔）→（船13分）
→ ベラッジョ（コモ湖の真珠）
ベラッジョ泊（イタリア）

❹12日（日）　ベラッジョ→（船120分・昼食）→ コーリコ→
（汽車70分）→ チラーノ（ベルニナ線：120分）
ズロバス（ポントレジーナの一つ前の無人駅）
ポントレジーナ泊（スイス）

❺13日（月）　ロゼックの谷：ポントレジーナ駅前→ 馬車（90分）
→ レストラン・ロゼック・レクチャーで昼食
→ ハイキング（120分）→ ポントレジーナ駅前
バリ氷河：ハイキング120分（オスピッツ・ベルニナ
→アルプグルム）
ポントレジーナ泊（スイス）

❻14日（火）　ポントレジーナ→（汽車90分）→スクオル12：55
→（バス）→14：10ランデック→（汽車）
→インスブルグ（チロル州の州都）　市内見物
ヨーデルショウ
インスブルグ泊（オーストリア）

❼15日（水）　インスブルグ 11：25→（汽車）→
14：55 ザルツブルグ→（バス）→
ザンクトギルゲン　ザルツブルグ市内見学
ザンクトギルゲン泊（オーストリア）

❽16日（木）　ザンクトギルゲン→（船）
→ザンクト・ウォルフガング・シャフベルグ
→登山電車→シャフベルグ　山頂ハイキング
ザンクトギルゲン泊（オーストリア）

❾17日（金）　ザルツブルグ 11：05→（汽車）→17：37コブレンツ
（ライン河とモーゼル河の合流地）
→（汽車32分）→コッヘム
コッヘム泊（ドイツ）

❿18日（土）　コッヘム市内見学。モーゼル河クルーズ
コッヘム泊（ドイツ）

⓫19日（日）　コッヘム→（汽車）→コブレンツ→（汽車）
→ザンクトゴア→（ライン河クルーズ）
→リューデスハイム　リューデスハイム見学。
リューデスハイム→（汽車）→フランクフルト空港
フランクフルト 22：10→15：50
ソウル 18：45→福岡20：00

《今回の旅の経路》

ベルリン
ドイツ
ライプチヒ
ケルン
コブレンツ
フランクフルト
コッヘム
ハイデルベルグ
フランス
ミュンヘン
ザルツブルグ
ザングトギルゲン
チューリヒ
ランデック
インスブルグ
ジュネーブ
ブルンネン
スイス
オーストリア
スクオル
ズロバス
チラーノ
ルガノ
コーリコ
コモ
ミラノ
ベネチア
イタリア
フィレンツェ

第一章　ソウル経由でチューリッヒへ、さらに四森州湖へ

七月九日　晴れ

飛行機は福岡空港を一〇時に発つ大韓航空便です。一〇時の出発に間に合うように、八時に空港に集合しました。到着後、直ちに大韓航空の受け付けでチェックインです。係員は日本人ですから、困ることはありません。ソウルで乗り換えですので、搭乗切符は福岡からソウルまでとソウルからチューリッヒまでの二枚です。大きなリュックを預け、ここから取り出した小さなリュックを肩にかけ、大切な切符をウエストポーチにしまい、身軽になりました。

北九州の家を六時に出ましたので、朝食は未だです。喫茶店に行きました。出発前のとても楽しい朝食です。モーニングサービスをとりながら、出入国カードに記入し、今夜の宿泊先を話し合いました。チューリッヒ市内に泊るか、ブルンネン（四森州湖の湖岸の町）に泊るかです。永井先生の話しでは、チューリッヒは飛行場から近いので夕方にはチェッ

クイン出来るが、宿泊費が高いということです。一方、ブルンネンは飛行場から遠いので、チェックインは遅くなりますが、田舎なので宿泊費が安いということです。夜の九時を過ぎてホテルがとれるかどうか心配です。結論が出ないまま、時間が過ぎました。時計をみると九時五分です。さあ、出発です。

入口で荷物と身体のチェックを受け、税関にパスポートと出入国カードを提出しました。旅行先をヨーロッパとだけ書いていましたので、係官から、

「どこの国に行きますか？」

と、質問されました。

「スイス、イタリア、オーストリア、ドイツです」

と、答えますと、彼は頷きながら出国カードに国名を記入し、これをパスポートにホッチキスで止め、スタンプを押してくれました。次いで、出国カードを回収のために切り取り、係官はパスポートの別の頁に出国カードをとめました。

「ツアーですか？」

彼は再び尋ねました。

「いえ、個人旅行です。学会に出席し、ついでにいろいろ回ります」

見栄をはったわたしに、彼は何か尋ねようとしましたが、後がつかえていることもあり、パスポートを戻しながら、

「どうぞ」

と、言いました。

ふだんなら、何という事のない会話ですが、個人旅行で大丈夫なんですか？　との含みのある質問のように思えました。少し嫌な気分になりました。

飛行機は予定通り、一〇時に出発しました。回りの客の多くは日本人であり、スチュワーデスさんも日本語を話しますので、全く不安はありません。それに、食事は日本食で、日本の航空会社の飛行機に乗っているような感覚です。ソウル空港には予定通り一一時半に着きました。通過旅客のゲートから国際線待合いロビーに入りましたが、韓国人の係員が日本語で誘導してくれましたので迷うことはありませんでした。一四時出発のチューリッヒ行きの搭乗ゲートを確認し、出発までの二時間半を免税店の見学と、階上にある待合室でのお喋りにあてました。

チューリッヒ行きの飛行機は少し遅れて、一四時半に発ちました。回りを見まわすと、日本人の乗客が結構乗っています。わたしの隣りの方は、六〇才過ぎの御夫婦で、ツアーでスイスに行かれるそうです。インタラーケンとツェルマットで三泊ずつ計六泊されるそうです。ユングフラウヨッホとマッターホルンに登るとのことです。

この便のスチュワーデスさんは、英語で話しますが、簡単な言葉で応対してくれますので、内容はなんとか理解出来ます。機内放送がありましたが、これは難しくて理解できません。暫くして、飛行情報がスクリーンに写し出されました。現地出発時間、現地到着時間、残りの飛行時間、飛行高度、飛行速度、外気温度等です。残りの飛行時間は一一時間です。チューリッヒには、現地時間の一八時三〇分に着きます。時計をヨーロッパの時間に合せました。朝の七時に逆戻りです。変な気分です。

まもなく、飲み物とスナックをかわきりに、食べ物がどんどん出てきました。スクリーンには、飛行情報、ニュース、映画などが写し出されます。言葉はハングル語、イヤホーンからは英語が流れさっぱりです。隣りの方が度々話し掛けてこられます。スイスには、数回行かれたそうです。でも、山頂は曇っていたり、時間が短かったりで、充分堪能出来なかったそうです。それで、今回は、三泊ずつの二ケ所だけのツアーにされたそうです。残りの飛行時間が三時間くらいになって、眠くなってきました。二時間はぐっすり眠ったと思います。途中こまぎれで何度も眠りましたので、合計すると、四～五時間は眠ったと思います。

あと一時間です。わたしたちはヨーロッパ鉄道時刻表を見ながら今夜の宿泊地の検討を始めました。予定通りだと、チューリッヒ空港には一八時半に着きます。荷物を受け取り、税関を通過し、それに両替もしなければなりません。一時間かかるとすれば、空港駅から列車に乗るのは、一九時三〇分頃になります。ここからチューリッヒ中央駅まで一〇分程です。空港駅から中央駅までの列車の本数は結構あります。時刻表を見ますと、ブルンネンまでの直通列車はありません。チューリッヒ駅二〇時七分発、アルトゴルダウ二〇時三四分着、当駅二〇時五五分発、ブルンネン二一時六分着とあります。これに決めましたが、アルトゴルダウでの乗り換えが必要です。中央駅二〇時七分発に間に合わないときは、チューリッヒ市内に泊ることにしました。

飛行機は予定通りに着きました。天候は晴、温度は一九度でとても爽やかです。税関はスムーズに通過しました。この分だと、一九時頃の列車に乗れそうです。しかし、荷物がなかなか出てきません。リュックを受け取るのに、三〇分もかかりました。その後、空港の両替所で一人あたり四万円両替しました。四〇八フランを受け取りましたので、一フランは九八円です。これで、このユウロパスに今日の日付のスタンプを押してもらいました。これで、空港駅の切符売場で、ユウロパスは今日から一五日間有効だということになります。

改札口近くの表示板に、チューリッヒ中央駅行き一九時四〇分発、二番ホームとあります。永井先生から、ドイツ語で中央駅はＨｂｆ、プラットホームはＧｌｅｉｓと教わっていましたので、苦労せずにわかりました。列車に乗り込むとき念のため、他の人に確認しました。

「チューリッヒハウプトバーンホフ?」

「イエス、イエス」

この人はスイス人（おそらく）なのに英語で答えました。そんな事はどうでもよいのです。この列車は間違いなく中央駅に行くようです。ほっとしました。井口さんが、

「あなた、なかなかやるね」

と、わたしをおだてました。

「まかせなさい。まかせなさい」

わたしは、胸をはりました。

中央駅で、汽車の時刻を調べました。出発はＡｂｆａｈｒｔと教わっていましたので、これを探しました。行先ルッツェルン、出発時刻二〇時七分、ホーム一二番とあります。途中の主な駅の出発時刻ものっています。意外に簡単です。時刻表にあるプラットホームに行くと、既に列車は待機していました。車両には1または2の表示があります。当然ですが、1と表示してある車両は一等車です。これに乗り込み、リュックを棚に上げ、椅子に座りました。最初は何をするにも緊張します。だから、一つ事が終わるとほっとします。

何のまえぶれもなく、汽車は出発しました。こちらの汽車はいつもこうです。一五分ほど走ると右側に湖が見えてきました。手つかずの自然が残っている湖岸の風景は、とても美しく、すばらしいものです。ツーク湖です。前もって調べていましたので、ツーク湖とわかりました。その向うに山が見えます。頂に鉄塔があります。

「あれが、リギ山かもしれないよ」

わたしが言いますと、あとの二人はふーんと感心するばかりです。アルトゴルダウには二〇時三四分に着きました。この汽車はルッツェルンに行く汽車ですから、ここで乗り換えです。プラットホームで駅員に尋ねました。

「ブルンネン、ブルンネン？」

駅員はドイツ語で答えながら、向いのホームを指差しました。沢山の人が待っていました。そのホームに行き、頭上の掲示板を見ると、チアッソ行き、二〇時五五分発とあります。ヨーロッパ鉄道時刻表の通りです。

ブルンネンには二一時六分に着きました。まだ、陽は落ちていません。外が明るいと不安は吹っ飛びます。ここまでは、予定通りに事が運んでいます。すこし、自信がついてきました。ブルンネンは小さな駅で、田舎の駅といった感じです。五〜六人の少年が駅前で遊んでいました。井口さんが、この少年たちに聞きました。

「ホテル、ホテル？」

少年たちは、ドイツ語で答えながら、駅前の一本道を左に行くように指差しました。わたしたちが手を振ると、少年たちは微笑んで、

「バーイ」

と、言いながら手を振ってくれました。

まっすぐ延びている駅前の通りを七～八分歩きました。一〇分以内の距離では、荷物の重さはそう苦になりません。広場に着くと、周りにホテルやガストホフが五、六軒ありました。広場から五〇m先は湖です。花の飾ってある安価そうなガストホフで今夜の宿泊をドイツ語で尋ねました。

「ハーベン　ジー　チンマーフライ?」

ドイツ語で知っているのは、この、お部屋は空いていますか?　いくらですか?　お早よう、ありがとうだけです。何やらドイツ語で返事がかえってきましたが、理解出来ません。きょとんとしていると、次に、英語で返事がかえってきましたが、それも理解できません。でも、彼の仕草から空いていないということは、わかりました。困りましたが、三人で知恵を絞り、リュックから虎の巻をとり出しました。四ケ国語旅行会話集（英語、仏語、独語、伊語）です。どこか他のホテルを紹介してもらえませんか?　と言う箇所を指差しました。すると、彼は紙にアルピーナと名前を書いて、向いの道を右に行くようにと、

手で示しながら、

「ツーハンドレッドメーター」

と、教えてくれました。

「サンキュー、サンキュー」

わたしたちは、その場を離れました。

広場から右に折れ、湖畔沿いの道と平行に走っている一つ内側の道を二〇〇mほど進むと、道路沿いの右側にアルピーナという名前のホテルがありました。小さいこぢんまりしたホテルです。玄関のドアが閉っていましたので、建物の左横のレストラン側から入りました。これからの交渉が大変です。受け付けには、誰もいません。呼鈴を押すと四〇才くらいの、人のよさそうな男性が出てきました。何やら言いましたが、分りません。多分、いらっしゃいませ、でしょう。

「ハーベン　ジー　チンマーフライ?」

わたしのたどたどしいドイツ語を聞くと彼は、

「ドーユースピークイングリッシュ?」

と、尋ねました。

「アリットル、アリットル」

と、井口さんが答えました。

するとかれは英語でなにやら言いました。井口さんは、

「ジャスト、ア、モーメント」

と、言い、わたしたちに、

「今この人が言ったのはいつ泊りますか？　と言う事よね」

と、聞きましたが、わたしたちに、わかる筈がありません。

「ツナイト、アンド、トモロー」

彼女が言うと、受け付けの男性は頷きながら、

「イエス、イエス」

と、言いました。物おじしない井口さんは、

「ハウマッチ？」

と、聞きました。彼は英語で、多分英語だったと思います、数字を並べ立てましたが、わ

かりません。わたしが、書いて下さいとジェスチャーをしますと、彼は、紙に一七〇ＳＦと書きました。

「シャワー　バス？」

井口さんが聞きますと、彼は、

「ウイズシャワー」

と、答えました。

従姉妹の圭ちゃんが計算をしました。一七〇フラン×九八円＝一六六六〇円となります。

井口さんが、わたしたち三人を指差しながら聞きました。

「スリー」

「オーイエス、ウイズブレックファスト」

と、彼は笑いながら答えました。

井口さんは、わたしたちに、

「もうちょっと負けてもらおうか」

と、言いました。わたしたちが、うん、うんと大きく頷くと、

「ディスカウント、プリーズ」

と、言いました。

すると、彼は考える仕草をし、先程の一七〇を消し、横に一五〇と書きました。井口さんは、えーと、えーとと言いながら、

「ワンハンドレッドヒフティ？」

と、聞きました。彼はにこにこしながら、

「ヤー、イエス」

と、答えました。

「オーケー、オーケー」

井口さんは大きな声で同意しました。

「ありがとうございます」

彼の言葉に、一同驚きましたが、同時にほっとしました。わたしが

「日本語上手ですね」

と、言いますと、彼はにっこりして言いました。

「少し、分ります」

これで、交渉は成立です。結局、一五〇×九八＝一四七〇〇円。一人当り四九〇〇円です。このホテルは三ツ星です。木の温もりがあり、清潔で、とても感じの良い部屋です。大きさは、狭くも広くもなく平均的といったところです。部屋に入って一段落すると、一〇時を過ぎていました。少しお腹がすいていましたが、シャワーにかかりさっぱりしたところでベッドに入りました。わたしは、疲れていましたのでそのまま眠ってしまいました。

第二章　四森州湖遊覧、リギ山登山、スイス建国の道ハイキング

七月一〇日　晴れ

朝七時です。とても涼しく快適です。わたしはシャワーを、井口さんは念入りにお化粧を、圭ちゃんはリュックの荷物を整理しています。八時前には、ほぼ準備が終わりました。今日の予定は、リギ山のハイキングとスイス建国の道のハイキングです。朝食をとりに食堂に行きました。

「モルゲン」

宿泊客と思われる老夫婦から挨拶がありました。

「グーテンモルゲン」

と、わたしたちは挨拶を返しました。グーテンモルゲンと、覚えていましたので、変な感じです。ホテルの係の女性がやってきて、言いました。

「モルゲン、カフェ、オーダー、テ?」

わたしたちは、カフェを頼みました。先程の老夫婦が、別のテーブルから食べ物をとっています。わたしたちもそのテーブルに行きました。バイキング式の食卓には、ジュース、牛乳、チーズ、ハム、ヨーグルト、すもも、りんご、さくらんぼ、種々の果実から出来たジャムがのっています。豪華な内容です。それぞれ、好みのものを皿に入れ、自分たちのテーブルにつくと、昨夜の男性がやってきて、

「グッドモーニング、××××××」

「イエス、イエス」

井口さんが答えました。

「グート、グート」

彼は嬉しそうな顔をしました。わたしが、

「あなた、彼の言うことが分ったの？」

と、わたしが聞きますと

「分るわけないでしょ。多分、昨日は良く眠れましたか？　と聞いたのよ」

と、けろりと答えます。別の宿泊客がテーブルにつくときも、やはり、

「モルゲン」

と、言いましたので、今度はわたしたちも、

「モルゲン」

と、お返ししました。

こちらでは、見知らぬ者同志でも、必ず挨拶を交わすようです。ドイツ語圏のここでは、モルゲンと言っています。グーテンモルゲンとは言いません。忙しい世の中です。朝の挨拶も簡素化されているのでしょう。朝食は満足できるものでした。パンはスイスのパンとフランスパン（三日月形のクロワッサンと丸い田舎パン）がありました。本に書いてありましたように、スイスのパンは不味くていただけません。黒っぽい色をしています。舟田詠子さんの著書の『アルプスの谷に亜麻を紡いで』にありますように、チロルのパンと同様、エン麦やライ麦から出来たものかもしれません。

御馳走を前にして、先ず写真撮影です。部屋の写真も撮りました。カーテンとテーブルクロスと照明の笠の布が同じで、花瓶に布と同系統の色のあじさいが差してあり、とても素敵なインテリアです。うきうきした気分でカフェを飲み、パンを食べました。お腹に一

杯詰め込んだ後、従業員に見つからないように、こっそりと昼食用のパンや果物を小さなリュックに入れました。宿泊費、食事代、乗物代全て合せて、一日七～八千円以下に節約するための生活の知恵です。

窓の向うには一〇〇坪ほどの庭があり、あじさい、金ぎょそう、ゼラニウム、薔薇が植わっています。日本に較べて低温のこの地では、あじさいは今が見頃のようです。庭に出て、写真撮影しました。先ず、ホテル・アルピーナを撮りました。写真1にありますように、二階のテラスのプランターはゼラニウムの花で統一され、庇には、宿泊者の国旗が掲げられています。奥はゲルサウの町、手前はブルンネンの船着場です。

日本では見られない松の木があり、小さい可愛い松ぼっくりがついています。この松ぼっくりを持って帰りたいと思い、手を伸ばしましたが届きません。地面を探しましたが、ころがっていません。珍しいものを欲しがるわたしに、井口さんが言いました。

「ハイキングに行ったら、いくらでも拾えるよ」

「焦ることはないね」

さあ、これからリギ山のハイキングとスイス建国の道のハイキングです。荷物は、小さなリュックとウエストポーチで身軽です。リュックには、ヨーロッパ鉄道時刻表とカメラと防寒衣が、ポーチにはパスポートと航空券が入っています。ブルンネンの船着場まで五分の距離でした。この四森州湖はLの字を一八〇度回転した形をしており、ブルンネンはその角にあります。したがって、ここから見ますと、湖は南側と西側に張り出しています。船着場の付近と東側に大きなホテルが数軒ありますが、ここブルンネンは小ぢんまりした美しい町です。

ブルンネンを八時五三分に発つ遊覧船でフィッツナウに向いました。遊覧船はユーロパスが効くので無料です。対岸側は緑で覆われた小高い丘になっており、家並は船着場付近に僅かに窺えるのみです。爽やかな空気、蒼い湖、湖岸の緑、古い瀟洒な家並、別世界にやってきたようです。

湖面を滑るように進んだ船は、一〇時八分にフィッツナウに到着しました。下船すると、真正面に登山鉄道の駅舎がありました。待ち時間なしです。ユウロパスは効かないとは思いますが、一応係員に見せました。駄目でしたので切符を購入し、電車に乗り込みました。一〇時一〇分に出発です。頂上までの片道切符ですが、二一フランとかなり高額です。

スイスの都市はいずれも海抜五〇〇mほどにありますが、ここフィッツナウも六〇〇mの高さにあります。頂上の一八〇〇mのリギクルムまでは三〇分かかります。麓には、樅、くぬぎ、ぶな、白樺が茂っており、上に登るにつれ緑の牧草地が広がってきます。カウベルを首に掛けた牛たちが草を食んでおり、カウベルの低い音が耳に響いてきます。のどかな風景です。残念ながら、車窓からは四森州湖の湖面は見えません。もやが一面にかかっているだけです。朝はいつもこうなんでしょうか。途中の駅の傍に、無人のホテルがありました。立派な建物ですが、庭は荒れ放題です。おそらく、昔は、多くの登山家で賑わったのでしょう。残された建物は寂しげに見えました。

まもなく、終点のリギクルム駅に到着しました。風が強く、肌をつくような寒さです。ウインドブレーカーを着て山頂に向いました。頂上まで一〇〇m程です。頂上近くに鉄塔がありました。昨日、チューリッヒからブルンネンに向う列車から見た鉄塔だと思いました。ということは、わたしたちが見ていたのはこのリギ山だったのです。頂上からは素晴らしい眺望が開けているはずでしたが、残念ながら、霧のため、見通しは極めて悪く、下界は殆ど見えません。南側に四森州湖が見えているはずですが、殆ど見えません。北側に見えるはずのツーク湖も見えません。もう少し待てば、視界が開けてくるかもしれませんが、寒さがこたえます。下山することにしました。

リギ山の中腹にあるリギカルトバートを目指して歩き始めました。山道の傍らには、無数の高山植物があります。多くは、丁度満開を迎えています。りんどうに似たカンパニューラ、イブキトラノオ、アルパインクローバー、他二〇種類は咲いています（帰国後、本で調べましたが、名前がわかったのはほんの一部です）。高山植物が群生している所には、名札が立ててありました。おそらく、花を愛する多くの日本人たちがこの名札をみて、ややこしいラテン語の名をメモしたことでしょう。日本に帰ってから、植物図鑑を繙きその名を頭に刻み込んだものと思われます。

視界が開けてきました。紺碧の四森州湖の湖面には、二隻の遊覧船の航跡がさざ波となってくっきりと浮かんでいます。視線を上げると万年雪を頂いたアルプスの峰々が広がっています。数分もしないうちに霧のため、再び視界がきかなくなってきました。登山道は、登山鉄道の線路と交差しながら続いていいます。花の写真を撮ったり、摘んだりしながらゆっくり下っていきましたので、掲示では一時間のコースを一時間半かかって進みました。

群落が見えてきました。リギカルトバートに到着したのです。旅行のガイドブックの写真に紹介してあった水のみ場を探しましたが、見つかりません。おそらく、別のコースの途中にあるのでしょう。ホテルの前にロープウエイの標識が出ていました。駅にいくと、ちょうど出発した後でした。外に出て、再び水のみ場を探しましたが、やはり、見つけることが出来ませんでした。美味しい水はありませんが、野原に座り、うっすらと霧のかかった四森州湖を眺めながら、ホテルで仕入れたパンや果物を食べました。飲み物は水の代りにコーヒーです。ホテルのカフェを水筒に入れてきたものです。今朝は始めての朝でしたので、遠慮しながらパンをとりました。お腹は少しだけ満足しました。

リギカルトバートから、ウエギスまでのロープウエイ代は、片道で一九フランです。数分の距離で一九フランですから、かなり割高です。スイスは物価が高いので仕方ありません。この頃になると、湖面にかかっていた霧は消えてしまい、眼下には、物静かな風情の四森州湖が広がっていました（写真2）。

船の連絡は良く、一三時五八分の出発まで少し待っただけです。終着地はフリューレンですが、途中、船は、こちら岸のフィッツナウ、ブルンネン、対岸のリットリ、バウエン等に寄って行きます。バウエンまで行き、そこからハイキングする予定です。二時間ほどの船旅になりますので、昼食をとることにしました。先程のパンだけで、お腹は空いています。ユウロパスはここでも威力を発揮してくれます。一等室でゆったりくつろぎながらの食事は最高です。メニューを見て名前が分っても、料理の内容がわかりません。食事は旅行で苦労するもののひとつです。メインディシュは、たいてい魚、肉、チキンですが、どのような内容か分りません。ベフブルゴーニュを三人分と飲み物を注文しました。たまま、この名前だけを知っていたからです。昨年、パリで食べた肉料理ですが、パリのそれとはかなり違っていました。飲み物を飲む度に、乾杯をしました。本当に幸せな気分です。ゆったりした気分です。

目的地のバウエンには、一五時四三分に着きました。ここからリットリまたは、フリューレンへ向けて歩きます。いずれのコースを選択するのかは、標識を見た途端明らかになりました。リットリまでは三時間のコース、フリューレンまでは一時間半のコースです。リットリからは帰りの船便がありません。バスで時間をかけて帰っても良いのですが、無駄な出費となります。フリューレンからも帰りの船便はありませんが、鉄道駅がありますので、わたしたちの宿泊地であるブルンネンへは汽車で帰ることが出来ます。

フリューレンに向け、湖岸をゆっくり歩きました。静かな湖です。船を見ることは殆どありませんが、所々でウインドサーフィンに興じている人達を見ました。わたしたちと同様、ハイキングをしている人達が沢山います。すれ違うとき、挨拶をしました。昼間でも、モルゲンという人がいますが、多くは何を言っているか分りません。こちらは、ハローと言いました。二音の発音ですみますし、単純明快な国際語です。途中、車道ぞいのコースに入りました。少し先にトンネルが見えます。トンネルの中の道は二つに分れており、わたしたちは人道側に入りました。壁に数一〇枚、人物画が掛かっています。多分、スイスあるいは、世界の有名人たちの画でしょう。こちらの人が見ればわかるのでしょうが、色褪せており、わたしたちには殆ど見分けがつきません。

一時間半ほど歩きましたが、フリューレンは程遠いようです。湖岸の南端に見える人里以外に町はありません。まだ、半分ほどの行程です。疲れました。今日は、合計三時間半歩いたことになります。運よく、バス停の標識が見えてきました。バスの時刻表を見ていますと、船がこちらに向って来るではありませんか。湖岸を見ると、船着場があります。

井口さんがわたしと圭ちゃんに意見を求めました。

「どうしょうか？　まだ歩く」

「先程までの元気どうしたの？　わたしまだ歩けるわよ。圭ちゃんはどう？」

「わたしも大丈夫だけど、どうしましょう？」

今日は無理をせず船で戻りましょう、ということになりました。話しを終え、船着場を見ると、船は岸を離れるところでした。バス停から、わたしたちは、

「待って、待って」

と、言いましたが、通じる訳がありません。ヨーロッパ鉄道時刻表をみると、一七時二五分にフリューレンまで行く便があります。この便にのり、フリューレンまで行き、そこでUターンしてブルンネンまで引き返すのが最良の選択です。この便にのることにしましたが、それまで五〇分もあります。

ウインドサーフィンを終えた三〇歳くらいの男性が船着場の手すりを支えにして、岸に上がってきました。先ず、帆が痛まないようにこれを引き上げ、次いでサーフボードを引き上げ、傍の空き地に停めてあるワゴン車に積みこみました。わざわざ、こんな船着場の

近くでウインドサーフィンをしなくともよさそうなものを。

　こちらの人は、船着場の傍で泳いだり、水遊びをするようです。私たち日本人には、理解し難い感覚です。

　少し先にレストランがあります。冷たいものかアイスクリームくらいはあるでしょう。レストランの傍に自動販売機がありました。五フランを入れようとしましたが、入りません。良く見ますと、二フラン、一フラン、〇・五フランの三種類のコインしか挿入できません。ジュースは二・五フランです。何とかコインをかき集めて、三人分の飲み物を確保しました。建物の傍の道を通り、湖岸側にあるレストランのテラスに行きました。少し躊躇しましたが、席に着きました。案の定、ウエイトレスが注文をとりにやって来ました。あなたの店先にあった自動販売機から買ったものですよ、という意味を込めて、缶ジュースを持ち上げました。彼女は頷くと、テラスの中ほどに行き、そこに座っている数組の客の相手を始めました。わたしたちの席はテラスの外れですが、二五〇円のジュースで手に入れることの出来た最高の席です。ジュースで喉を潤し、身体を湖岸側の手すりに預け湖を眺めました。湖面は蒼く、湖岸は淡い緑の樹木でおおわれています。人家は殆どありません。若者たちがウインドサーフィンに興じています。わたしは、大きく呼吸しました。最高の気分です。

一七時二五分、帰りの船に乗りました。一等室には、わたしたちともう一組の客がいるだけです。すぐ傍で、手持ち無沙汰なウエイトレスが三人の子供たちと話しを始めました。楽しそうです。検札のため、乗務員がやって来ました。ユウロパスのチェックを終えると、日本語で、

「どうもありがとう。東京？」

と、質問してきました。

「福岡」

と、答えると、

「そうですか」

と、微笑んで去って行きました。

井口さんが感心して言いました。

「あの人、日本語が上手いね。ひょっとして、日本人の彼女がいるのかもね？」

「そうよ、きっとそうよ」

わたしと圭ちゃんが相槌をうちました。

一七時三七分、終着のフリューレンに着きました。船はそこで、一〇分待機し、ルッツェルンにとって返します。フリューレンの鉄道駅はすぐ傍にありました。

「駅がすごく近いね。明日ここから、汽車に乗った方がよさそうね」

わたしが提案しますと、二人も賛成してくれました。

「そうね、こっちからの方が便利よさそうね。ブルンネンの駅まで遠いでしょ。船はただだからね」

ホテルからブルンネン駅まで一〇分以上かかります。船代は無料です。ホテルからブルンネンの船着場まで四～五分です。随分楽になります。フリューレンの町は、鉄道沿いに延びており、ブルンネンに較べて殺風景な気がしました。ブルンネンに泊って良かったと思いました。昨日、ブルンネンで下車しましたが、実は、ブルンネンから僅か一〇分先の次のフリューレンで下車するかどうか迷った末の行動だったのです。本にはこの二つの田舎町の情報は殆どのっていません。ブルンネンの方が、ホテルやペンションが多いとありましたので、ブルンネンを選んだのです。ウエイトレスは、下船しないわたしたちに、怪訝そうな眼差しを向けましたが、何も言わずに降りていきました。

一七時四六分、ルッツェルンに向けて出発した船は、一時間ほどでブルンネンに到着しました。港からホテルまで、湖畔沿いの道を歩いて帰りました。見慣れない樹があるとその前で写真をとり、可愛い子供がいると眺め、湖を背に写真をとり、ぶらぶらと三〇分ほどかけてホテルに戻りました。ホテルの庇の上に日の丸が掲げてありました。スイス、ドイツ、イタリア、フランス国旗とともに風になびいています。おそらく、ホテルの主人が日本からの宿泊者の日の丸を掲げてくれたのでしょう。なかなか粋な計らいだと思いました。

部屋で暫く休憩していますと、七時半になりました。夕食の時間です。船着場の傍の高級ホテルで食事をとることにしました。船から降りてぶらぶら戻る時、珍しい樹のあったホテルです。見晴しの良い湖岸沿いのテラスなら、食事は最高になるだろうと思ったからです。ウエイターがメニューを持ってきましたが料理の内容が分りません。井口さんが魚料理のところを指差しながら聞きました。

「ワットイズジス？」

ウエイターは微笑みながら、

「トロウト」

と、答えました。井口さんは、わたしたちの方を見て、

「トロウトって鱒よね」

「多分そうよ、そう、そうよ」

「これ頼もうか、でもフライかムニエルかわからないわね。多分、ムニエルのようね」

「ジスワン、プリーズ」

井口さんが注文しますと、ウエイターが、

「スリー？」

と、聞きました。わたしたちは一斉に大きな声で、

「イエス、イエス」

と、答えました。隣りの席の人が笑っています。井口さんが、

「山上さんは、イエスの時は元気がいいね」

と、言いましたので、

「そう。イエスだったら言えるの。馬鹿にして言っているの？」

「そんなことないよ。感心しているのよ」

「まあ、馬鹿にして」

わたしが、むくれた振りをして見せると、

「ごめん、ごめん。晴江ちゃん、機嫌直してね」

従姉妹の圭ちゃんが、

「イエスは自信もって言えるからね」

という発言で、この場は収まりました。

飲み物はそれぞれの好みのものを注文しました。飲み物は直に出てきましたが、肝心の鱒料理がなかなか出てきません。他の人のところには、少しの時間で料理が運ばれてきました。三〇分後にやっと運ばれてきたとき、隣の席の人がまた笑いました。皿の上を見て驚きました。何と鱒のフライが一〇きれものっているではありませんか。隣の人の笑った意味が分りました。わたしたちが、元気な声でイエスと言ったのを笑ったのではないのです。昨年の経験が全く生かされていませんでした。こちらの料理は、ひと皿が二人分だったんです。馬鹿な注文をしました。後悔先にたたず。おそらく、同時に三皿分も鱒料理を注文する人はいないのでしょう。それも鱒料理だけを。だから、料理に時間がかかったのです。お腹がすいていましたので、食欲はありました。美味しかったのですが、五きれほど食べると満腹になりました。三人の皿の上には、同じ量の鱒が残っています。もったいない。食事代は一人四〇〇〇円もかかりました。一五〇〇円は損をしたでしょう。今後の教訓としなければ。

第三章　イタリアのコモ湖へ

七月一一日　晴れ

少し早いうちに、食堂に行きました。誰もいません。改めて、部屋の装飾を見てみました。色々なところに細かな配慮が行き届いています。カーテンとテーブルクロスと照明の笠の布地のセンスの良さ。出窓とテーブルの上の花瓶と花。今日のお花は、ランタナです。そして、部屋は何よりも清潔です。まもなく、ホテルの主人が若い男性の従業員を連れてきて、言いました。

「日本語、教えて下さい」

この若い従業員は、ドイツ人よりもイタリア人といった風貌です。井口さんが、

「おはようございます」と、教えました。彼の言っていることは、

「おはございす」

と聞えます。何度か言いましたが、言いにくいようなので、井口さんが、

「おはよう」

と、だけ言いました。すると、

「お、は、よう」

と、今度は正確に言えました。わたしたちが、

「グート、グート」

と、言うと、彼は恥かしそうに微笑みました。次に、わたしが、

「さようなら」

と言い、彼は何度か繰り返しました。

そのうちに他の宿泊客が朝食をとりにやって来ましたので、彼は、

「ありがとう」

と言って、持場に戻ってゆきました。ホテルの主人の優しい心配りに、わたしたちの気持は暖かくなりました。

ホテルを去るとき、ホテルの主人を玄関に連れて行き、日の丸を指差しながら、

「ありがとう」

と、言いました。彼は大きく頷きながら、

「どういたしまして」

と言い、握手を求めてきました。わたしたち三人と握手を終えると、

「さようなら、ビーダーゼーエン」

と言い、いつまでも手を振ってわたしたちを見送ってくれました。爽やかな気分でホテルを後にしました。さようなら、ホテルアルピーナ。

ブルンネンを一一時四分に出発する船にのり、フリューレンに向いました。フリューレンの鉄道駅は波止場の目と鼻の先にあります。出発の一二時一六分まで、三〇分ほどありましたので、駅前で写真を撮ったり、湖を泳ぐ鳥を眺めて過し、ホームには一〇分前にのぼりました。

汽車の旅は快適です。一等車のコンパートメントに座っているのは、わたしたち三人だけです。この汽車は、比較的すいており、残りの三人分の席は空いたままです。この汽車はバーゼル発、イタリアのチアッソ行きですが、この季節は、スイスからイタリアに行く人は少ないようです。汽車はアンデルマット付近にさしかかりました。本によりますと、

汽車はこのアンデルマット付近で円を描きながら進んで行くとあります。しかし、実感がわきません。直進しているとしか思えません。もっとも、昼食を食べながら頭に思い描いていたので、気が付かなかったのかもしれません。昼食は、ホテルで手に入れたパンやジャム、紅茶（朝食のとき水筒に入れた紅茶です。昨年、ツェルマットで一五〇円で買った登山用の水筒で、いつもリュックにぶら下げ愛用しています　写真8）、それにブルンネンの波止場の傍のスーパーマーケットで買った果物です。途中、線路沿いにまめ科の樹がぎっしり植わっていました。アカシアの樹かもしれません。ニセアカシアとも違います。アカシアは映像では見た事はありますが、実物は見た事はありません。よく見ると、赤い花を咲かせている樹が数本ありました。ねむの樹でした。これほど多く、ねむの樹を見たのは始めてです。気温の低いこちらでは、これから花を咲かせるのでしょう。一斉に花咲くねむの樹を見てみたいと思いました。

ルガノに到着したのは、一四時二三分です。駅前に立ってみると、イメージしていた通りでした。高台にある駅前広場から、ルガノ湖が見渡せます。ルガノ湖は一〇〇ｍほど下に広がっています。湖岸は賑やかな雰囲気です。湖岸の町まで歩くと、二〇分はかかるでしょう。暑くて、汗がしたたり落ちます。永井先生曰く「アルプスの北から南に行くと、とても暑く感じるよ」。その通りです。太陽が強く、明るいので、南国にやって来たようです。ここ南スイスは、イタリア語です。物静かなドイツ語から騒がしいイタリア語になったような感じです。ここに着くまで、ミラーノのラの発音と同じように、ルガーノのガの音を強く発音すると思っていました。そうではなく、ルをやや強く発音します。意外な感がしました。

これから一四時四五分発のメナッジョ行きのポストバスに乗らなければなりません。駅前のポストバス乗場はすぐ分りました。ヨーロッパ鉄道時刻表には、予約が必要と書いてありました。わたしが、二人に、

「どうしょうか？　バスが来たら、このまま乗り込もうか、駄目でもともとだから」

と提案しますと、井口さんが言いました。

「まだ、時間があるから、そこのおばさんに聞いてみようか。あの本見せて」

例の四ケ国語旅行会話集をわたしから受け取ると、傍らの売店のセニョーラにイタリア語の切符はどこで買いますか？　の箇所を指差しました。いつもながら、彼女の物おじし

ない、積極さには感心します。おばさんは、何やら言っていますが、さっぱり分りません。

圭ちゃんが
「何処にいくか聞いているんじゃない」

と、助け舟を出しました。

「メナッジョ、メナッジョ」

井口さんは大きな声を出しました。

おばさんは、下の町を指差しながら、何やら言っています。三人でまた、相談です。わたしが言いました。

「下の町に行きなさい、と言っているようね。ここから出るバスに乗るのに、下の町まで行くなんて、おかしいわね」

井口さんは、本を繰りながら、ぶつくさ言っています。

「何言ってるか、わからないから、どうしょうもないわね。とにかく、お礼を言いましょう。えーと、イタリアでありがとうは何て言うんかな？　あ、そうか、グラチェか」

井口さんが、おばさんに大きな声で、

「グラチェ、グラチェ」

と言うと、おばさんは大きな声で何やら言いながら笑いました。

「あなた、元気いいね」

わたしが言うと、井口さんの声は大きくなりました。

「こっちの人、声が大きいでしょ。それで、わたしも声が大きくなるのよ」

バス停の方を振り向くと、ちょうどメナッジョ行きのバスが到着したところでした。他の乗客たちは、運転手に予約切符のようなものを見せて乗り込んでいます。乗れなくてもともとです。井口さんが聞きました。

「メナッジョ、メナッジョ。スリーパーソン、オーケー?」

返事はオーケーです。幸運でした。もともと予約が要らないのか、予約客で満員にならなかったから乗る事ができたのか分りませんが、とにかく、重い荷物を背負って下の町まで歩かなくて済んだのです。

バスは下の中心街に下り、湖岸に沿って進みました。湖畔の家並はとぎれることなく続いています。道路や街路樹や家並はイタリア的な雰囲気です。少しざわわしており、樹木はプラタナスやきょうちくとうが多く、屋根は明るい茶色です。四森州湖と違って明るくて開放的です。湖岸の道は狭く、対向車とすれ違うときに、度々立往生しました。向う側が引くか、こちら側が引くかのいずれかしかありません。カーブの手前では、猛烈にクラクションを鳴らします。しかし、少しでも道幅の広いところに出ますと、猛烈に飛ばします。日本では、考えられない感覚です。

イタリアとの国境で検問がありました。バスには乗り込んで来ないで、銃をもった検問官が、バスの乗客をゆっくり見回し、運転手に行ってよしと合図しました。実に簡単な検問でした。やがて、バスはルガノ湖を離れると、広い平野部に出ました。バスはさらにスピードをあげました。このあたりの景色はとても美しいと、『地球の歩き方』の読者は絶賛していますが、それ程のことはありません。ヨーロッパの平均的な風景です。バスはプラタナスの並木道をひたすら突き進み、やがてコモ湖畔に到着しました。ぐるぐると曲がりくねった道を下って行き、一五時四〇分にメナッジョに到着しました。

コモ湖にやって来たのです。湖面はあくまで碧く、湖岸の緑は濃く、日差しは眩しく、スイスとは全く異なった景色です。静の四森州湖に対して、動のコモ湖と言えます。この湖は、北イタリアの湖水地方にある湖の一つで、マジョーレ湖、ガルダ湖とともに有名な湖です。コモ湖の南端にあるコモ市からだと、ミラノまで鉄道で一時間の距離です。しかし、コモ市からここメナッジョに来るには、船では数時間、湖の西岸を走るバスでも一時間はかかります。従って、スイスからメナッジョへ入るルートは、ルガノからバスで入るのが最短となります。

イタリアリラに両替しなくてはいけません。今日は、あいにく、土曜日です。銀行は空いていません。仕方ありません。このまま、スイスフランを使うしかありません。船着場まで数分の距離ですが、途中、暑くてたまりません。涼しいスイスから暑いイタリアにやって来たのですから、余計暑く感じます。水が欲しくてたまりません。スイスフランしかないのですから、我慢、我慢です。

切符売場でユウロパスを見せましたが、ユウロパスは効きません。でも、幸いなことに、スイスフランで切符を買う事が出来ました。お釣りはリラで貰いましたので、ジュースくらいは手に入りますが、三人分あるかどうかわかりません。我慢、我慢です。目的地のベラッジョは目前に見えます。一〇分ほどで行けそうです。しかし、船は対岸のリバージュを経由し、五〇分ほどかかってベラッジョに着きました。

船を降りて広場に立ちました。右側には立派なホテルが、正面には湖岸に沿って延びるアーケードが、広場の左端には別荘風のホテルがあります。正面右手には、奥の高台へと続いている賑やかな通りへの入口がありました。この通りの一つ左隣に人気の少ない通りがありました。その中ほどに、一つ星の看板が出ていました。見逃してしまいそうな看板ですが、よく見るとホテルの看板です。左右の高級ホテルは高そうですから、ここで交渉する事にしました。受け付けにおばさんがいました。

「ドユースピークイングリッシュ?」

井口さんがおそるおそる尋ねました。

「ノン」

たった一言だけです。仕方ありません。例の会話集を出して、おばさんに見せました。

「シー、××××××」

始めのシーだけは分りました。シーだから、部屋は空いていますという事でしょう。次に、いくらですか? というところを見せました。おばさんは、イタリア語で何やら言っ

ていますが、わかりません。書いてください、との仕草をしますと、

「シー、シー」

と言って、一二〇〇〇〇Lと書きました。わたしたちは、驚きました。両替していないので、換算レートがわからないのです。こんな高いところには、泊れません。この時、圭ちゃんが、

「ちょっと待って。たしか、一〇リラが一円くらいだったと思うわ。だったら、一二〇〇〇円だから、一人当り四〇〇〇円で、まあまあというとこかなあ」

お願いする事にしました。ここを断ると他にないかもしれません。井口さんが言いました。

「ビザ、オーケー」

「シー、シー」

これだけは分ります。

帰国後のビザの請求書には、一二〇〇〇〇リラ×〇・〇八二=九八四〇円とありましたので、一人当り三二八〇円でした。この、イタリア人らしい小柄でがっしりした体格のお

ばさんに部屋を案内してもらいました。部屋は狭く、うす汚れています。タオルは、薄くてお粗末、お世辞にも清潔とは言えない洗面台。仕方ありません。おまけに、トイレとシャワーは共同です。さらに、部屋のキーまで貧弱です。このキーで部屋に鍵をかけ、わたしたちは、町に出かけました。

喉が乾いていましたので、湖畔沿いにある喫茶店のテラスで飲み物を飲みました。その後、広場の前のアーケードをぶらぶらし、お土産を買いました。コモの特産品である絹のスカーフは、荷物になりません。これを数枚ビザカードで買いました。

七時になりました。イタリアに来たのですから、スパゲッティを食べないと。最も賑やかな通りを三分の二ほど上ると、右側に洒落たレストランがありました。二階のテラスからは見晴しがよさそうです。そこに陣取りました。わたしはスパゲッティボンゴーレを、二人はメニューを見て別のスパゲッティを注文しました。

「あなた、スパゲッティの名前、よく知ってるわね」

井口さんが感心しました。

「スパゲッティのことは、このわたしにまかせなさい」

わたしは胸をはりました。

「晴江姉ちゃん、わたしたちが頼んだスパゲッティの名前なんやったかね？」

圭ちゃんが、わたしに尋ねました。

「知るわけないでしょ」

と、言って笑っているわたしに、井口さんが言いました。

「今、あなた、スパゲッティのことは任せなさい、と言ったでしょ」

「実を言うと、ボンゴーレだけしか知らないの。わたし、あさり貝のスパゲッティが好きでしょ。それで、覚えていたの」

飲み物はビール、ミネラルウオーター、ジュースです。まもなく、テラスの他の席はいっぱいになりました。イタリア人はお喋りが好きなようです。大きな声で話し、よく笑いますので、わたしたちも楽しい気分になりました。食事が美味しく感じられます。充分、喉を潤し、お腹を満たしました。

ホテルに戻り、直に共同シャワーにかかりました。暑くて、汗ばんでいましたので、少しでも早くシャワーにかかりたかったのです。日本の海水浴場のようなシャワーです。お湯は出ますが、自由が効きません。我慢、我慢。頑丈で清潔で扱い易いブルンネンのホテルのシャワーが懐かしくてたまりません。人は、比較する対象があってこそ、ありがたみがわかるものです。ここのバスタオルはタオルと同様お粗末です。薄くて小さい。腹が立ちました（日本に帰って、正確なホテル代が分ったときは納得しましたが）。

こんな安ホテルでも、バルコニーが付いています。ここから、外を眺めると、勾配の少ない赤っぽい瓦の屋根が見えます。イタリアらしい雰囲気です（写真3）。近くからは子供の声、大人の大きな話し声、遠くからは町の喧騒が聞えてきます。暑いので、窓は開けっ放されており、部屋を移動する人の姿が見えます。この界隈では、わたしたちのホテルが最も高く、わたしたちの部屋は最上階の五階にありますので、向う側からは見えません。窓を開けて眠りました。一一時頃に目が醒め、トイレに行きました。共同トイレは面倒ですが、仕方ありません。部屋に戻り、ベッドに仰向けになったとき、気が付きました。昼間の騒々しさと暑さは消え失せています。ぼろベッドですが、固さはちょうどいい具合です。疲れていましたので、そのまま朝までぐっすり眠りました。

第四章　ベルニナ急行で再びスイスへ

七月一二日　晴れ

朝は洗面、それから、昨日の下着、上着、パンツ、靴下を袋にいれ、今日着る新しい衣類をリュックの下から取り出します。要領良く入れないと、リュックはふくらんで、汗を吸込んだ分だけ重くなります。出発の用意が終わると、だいたい八時頃になります。貴重品だけを持って食堂に行きました。ホテルの従業員が、

「ボンジョルノ」

と挨拶してきました。

モルゲンとは、かなり違っています。言葉に抑揚があり、明るい感じです。ああ、ここはイタリアなんだなあ。わたしたちも、

「ボンジョルノ」

と、挨拶しました。

ここは、安ホテルなので、ハムやチーズのテーブルはありません。自分たちのテーブルの食べ物が全てです。パンとジャム、バターだけです。コーヒーか紅茶は選べます。隣に四人連れの親子が座っており、年下の三歳くらいの女の子が、しきりにこちらを見ています。わたしたちが、微笑んだり、手を振ったりする度に、こちらを見ます。圭ちゃんが急いで鶴とふうせんを折り、この子に持っていってあげました。母親が話しかけてきました。

「ドユースピークイングリッシュ」

「アリトル」

井口さんが答えました。

「ジャパニーズ？」

「イエス」

この後、立て続けに話してきましたが、さっぱり分りません。

「ウエアーアーユーフロム」

これは分りました。

「フクオカ」

と答えましたが、分ったかどうか分りません。その後はわかりません。推測すると、次のようです。カンファレンス、新潟、東京、大阪と言っていたので、新潟でカンファレンスがあり、東京や大阪にも行った、という事だと思います。そうだとすれば、日本も国際的になったものです。

船の出発まで、二時間ちかくありますので、昼食の仕入れに町に出かけました。スーパーマーケットに行くと、握り拳二つくらいの大きさの鶏肉が数個、オーブンのなかでぐるぐる回っています。油がしたたり落ち、とても美味しそうです。これを買うことにしました。これを三つにわけてもらうために、切るジェスチャーを混じえ、

「スリー、スリー」

と、言いました。

主人は棚からとった包丁で、塊を三つに分けました。さらにこれをビニール袋で包み、紙ナプキンを添え、紙袋に入れてくれました。一〇〇〇〇リラです。とびきりの御馳走を手に入れたような気分です。飲み物代を払う時、

「フルーツ、フルーツ」

と、言いました。

主人は外に出ると、イタリア語に身振を混じえて、あそこに果物屋があるよ、と教えてくれました。バナナ、りんご、プルン、それにレタスを買いました。これ以後、野菜不足を補うためにレタスを数回買って、昼食時に食べました。こちらのお店では、果物は一個でも買うことが出来ます。例えば、五番の仕切りに入ったリンゴを三個買うとします。傍においてあるビニール袋にりんごを入れ、これを番号ボタンの付いた秤にのせて五番を押せば、グラムあたりの単価と重量と値段の印刷されたレシートが出てきます。裏面が接着面のこのレシートをビニール袋に貼りつけて終了です。一人者でも、何の躊躇いもなく、好きなだけ買う事ができますので、これは極めて合理的な方法だと思います。それに、日本に較べると、こちらでは果物と野菜はとても安いのです。飲み物は、スーパーで買うと日本と大差ありません。これだけ買っても、三人分の昼食代は二千円弱にしかなりません。

ベラッジョを一一時に発ちました。コーリコには一二時に到着の予定です。今日も快晴ですが、船室は少し蒸し暑くなってきました。乗客の多くは、暑い船室を避け、涼を求めて甲板に出ています。五〇人ほど入る船室ですが、ここにいるのはわたしたち三人だけです。

わたしたちも、交互に甲板に出て涼をとりました。正午には少し早いようですが、昼食をとることにしました。今朝仕入れた鶏肉が楽しみです。わたしたち三人だけの船室のテーブルに、鶏肉、飲み物、野菜、ホテルのパンを広げました。冷たくなっていましたが、美味しい鶏肉でした。飲み物で喉も潤いました。このまま眠ってしまいたいような心地です。一時頃、再び、甲板に出ました。船は、湖の北にある終着地のコーリコを目指して進んでいます。右岸と左岸の港に交互に寄って進んで行きますので、時間はかかりますが予定通りです。北側の湖岸付近には、数え切れないほどのウインドサーフィンの帆が浮かんでいます。右岸側に大きな町が見えて来ました。コーリコでしょう。あと、一〇分ほどでコーリコ到着の予定だから間違いありません。

船はゆっくり接岸しました。二〇〇mほど先に鉄道の線路が見えます。ベラッジョの船着場で手に入れたコーリコの町の地図を見ますと、鉄道駅は、港から左へ五分くらい行ったところにあります。乗り換え時間は二〇分です。線路の高架をくぐると、線路と平行に走っているメインストリートに出ました。左の先に人が数人いますが、右の先にはいません。どちらを見ても駅の気配はありません。尋ねる人もいませんので、地図の通り、左手に進みました。少し賑やかになってき、数軒の商店が見えてきました。左手に建物が見えますが、駅舎がどうか分りません。こちらの駅舎は外観からは区別できません。入口の分厚い木製のドアを開けて中を見た時、やっと駅舎であると確認できました。ほっとしました。汽車の到着まで一〇分ほどあります。喉が乾いています。残っているイタリアリラでコーラとジュースを三缶買いましたが、お金が足りません。一本戻してやっと足りました。もたもたしているとホームに汽車が到着しました。チラーノまで二時間の行程です。座席に座るまもなく、飲み物を一気に飲みほし、一息つきました。車窓には、葡萄畑が一面に広がっています。のどかな風景です。その向うの北側に目をやると雪を戴いたアルプスが見えます。再び、スイスに行くのです。嬉しくなってきました。

チラーノ駅で、日本人の団体さんに会いました。そう言えば、ブルンネンからここまで、日本人には全く会いませんでした。久しぶりです。このうちの一人がわたしに、尋ねました。

「どこから来ましたか」

「福岡からです」

と答えると、

「はあー」

と言い、忙しそうに去って行きました。井口さんが
「あの人はイタリアのどこから来たのですかという意味で訊いたのよ」

あ、そうか、わたしは、

「あはは」

と、笑いました。この団体さんは、今からイタリア旅行です。この人たちは天国から地獄、逆にわたしたちは、地獄から天国へと向うのです。

サンモリッツ行きの駅舎はチラーノ駅の真向いにありました。改札口の手前でパスポートチェックがありました。ホームは混雑しておりかなりの人出です。もう一組の日本人の団体さんに会いました。いっしょに、後の車両に乗り込もうとしたら、添乗員さんから、

「この車両はわたしたち専用ですので、御遠慮下さい」

と、断られました。

次の三〇分後の列車を待つ事にしました。構内の掲示板に、日本語でこの路線と箱根鉄

道が姉妹鉄道であると書いてあります。残念ながら、箱根鉄道には乗ったことがありませんので、実感はわきませんが、心強い気がしました。

まもなく、折り返しの列車が入ってきました。列車は、サンモリッツ行きの車両とザメダン行きの車両に分れています。それぞれの行く先は、ポントレジーナで分れますが、わたしたちの降りるズロバス駅はポントレジーナの一つ手前の駅ですから、いずれの車両にのっても大丈夫です。

列車は、チラーノの町中を路面電車のようにゆっくり進んで行きました。即ち、町中では路面と道路は同じ高さで、家々の軒が列車まで迫っています。町外れに出ると、路面が高くなり、列車のスピードが徐々にあがってきました。窓を開けると心地好い風が入ってきます。一息つきました。進行方向の右側をみますと、山の斜面に岩が転がっており、激しい雨が降ると転げ落ちそうです。防護ネットをするでもなく、自然に任せてあります。無神経と言おうか、無頓着と言おうか、のんびりしたものです。　外の美しい景色を眺めていますと、列車は三六〇度のループにさしかかりました。円を描いて進む列車の車窓から、後の車両がよく見えます。日本では、体験できない光景で、この路線の宣伝の写真にこの風景を載せてある理由が分ります。右手に小さな湖が見えて来ました。湖岸でキャンプをしています。湖岸の駅で、かなりの人が降りてゆきました。駅を過ぎると、列車は登り坂をゆっくり上っていきました。今度は、一八〇度のヘアピンカーブです。右後方にあった湖は、左前方へと移動しました。奇妙な感じです。三箇所のヘアピンカーブを過ぎて直線になったとき、湖ははるか右後方の眼下へと去っていました。

やがて、汽車はアルプグルム駅に到着しました。左側には氷河が迫っています。バリ氷河です。素晴らしい光景です。マッターホルンの上に登れば、氷河を目の当たりにすることが出来ますが、これほど真近に、しかも車窓からこれ程素晴らしい光景を見ることが出来るなんて信じられません。何と素晴らしいことでしょう。筆舌に尽くし難い光景です。対向車が到着するまで暫く停車していましたので、ゆっくり氷河を見る事が出来ました。本には、ここから次のオスピッツベルニナ駅までが最高のハイキングコースだと紹介してあります。明日ここを歩くつもりです。列車が出発してから、どの道がハイキングコースになるのか眺めていましたが、さっぱり分かりません。

オスピッツベルニナ駅に着いたとき、ホームの標識をみました。当然のことですが、逆方向がアルプグルムで一時間とありました。順方向の標識もありました。このあたりは、いたるところがハイキングコースのようです。海抜二二〇〇mのこのあたりには、樹木はなく、ごつごつした岩肌が広がっているだけです。平地には森、湖、眼前には荒涼たる大地、眼上には氷河、これほど変化に富む風景は経験したことがありません。左手に別の氷河が迫っています。先程の氷河ほど大きくはありませんが、奥行があり違った顔をのぞかせています。列車が荒れ地を進み、徐々に下って行くと、再び、樹木が現れてきました。ズロバス駅の一つ手前のモルテラッチュ駅の周辺は実に美しく、ホテルの傍のテニスコートで遊ぶ人、周辺の緑地でキャンプを楽しむ人、小川のほとりを散策する人、多くの人々が自然を享受しています。明日は、このあたりをハイキングしようかとも思いました。

そろそろズロバス駅です。列車は停止しましたが、ホームがありません。無人駅だから、ホームがないのかも知れません。わたしたちの後から老夫婦がわたしたちをせっつきました。ドアの開閉ボタンを押しても開きません。手でこじあけるとドアは半分ほど開きましたので、わたしたちは、そこから線路脇へ降りました。手を離すとドアは締ってしまいます。続いて、老夫婦も降りてきました。列車の窓から乗客たちが、わたしたちを見ています。三〇秒もしないうちに、列車は動き出し、五〇ｍほど先で再び停車しました。二〇人ほどの乗客が降りました。良く見ると、プラットホームがあるではありませんか。いくら無人駅とはいえ、ホームのない駅などあろうはずがありません。わたしたちが、降りているとき、よく列車が動き出さなかったものです。胸をなでおろしました。

ズロバスは、美しい駅です。線路に沿って一〇〇ｍほど進んだ地点から、右に折れ下っていくと川があり、その向う側がポントレジーナの町となっています。そのまま真っ直ぐ進むと、森を通り抜けポントレジーナ駅に着きます。ポントレジーナの町に入るには、ポントレジーナ駅からよりも、ズロバス駅からの方がはるかに近いのです。橋をわたると、三叉路に突き当たりました。左に下るとポントレジーナ駅へ、右を上るとポントレジーナの町です。すぐ傍に生協がありました。明日の昼食の仕入れ先になりそうです。三叉路から二〇ｍ程で町のメインストリートに到着しました。

『地球の歩き方、スイス』の情報をもとにペンションを探しました。三〇ｍほど坂道を上ったところにペンション・フライマンがありました。呼鈴を鳴らしましたが、誰も出てきません。裏手に回ってドアを押しましたが開きません。四、五回呼鈴をならしましたが、相変らず誰も出てきません。どうも営業している様子ではありません。仕方ありません。坂道を下り、メインストリート沿いにあるペンション・ヴァルテリナに行きましたが、ここもドアは締まったままでした。メインストリート沿いには、四つ星以上の高級ホテルが数軒ありました。高そうなので、やり過ごしインフォメーションに行きましたが、ここも締っていました。もう一度最初のペンションに行き、呼鈴を数度鳴らしました。やっと、階上からおばさんが、うさん臭そうな表情をして降りてきました。

「ハーベンジーチンマーフライ?」

おばさんは、手を振りながらぶつくさ言いました。様子から営業していないようです。本を見ますと、ペンション・ハウザーとペンション・ミラヴァルが残っています。この場所からだと前者の方が近くにあります。坂を少し右に登ったところにペンション・ハウザーがありました。幸いにも、部屋は空いていましたが、少し高いようです。表の看板に出ている額と違いますが、言葉が喋れませんので、どうしようもありません。このあたりは観光地で割高のようです。三人部屋はなく、井口さんが一人部屋に入ることになりました。料金は次のとおりです。シャワー付き二人部屋で一二〇フラン(一二〇×九四=一一二八〇円で一人あたり五六四〇円）、シャワー共同の一人部屋で五五フラン（五五×九四＝五一七〇円）です。

ペンションに荷物を降ろし、一息つくと七時になっていました。明日の予定は、ポントレジーナ駅前からロゼックの谷への馬車旅行、ベルニナ路線の沿線でのハイキングです。本には、馬車は予約した方が確実に乗れる、とあります。例の四ケ国語会話集を見ました。予約の仕方はのっていますが、このような場合の予約はちょっと複雑で無理なようです。諦めて、レストランを紹介してもらうことにしました。レセプションに行き、係の女性に井口さんが言いました。

「イクスキューズミー、ウイドライクツイートミートフォンデ」

次いで、例の本のどこかいいレストランを紹介して下さいという箇所を見せました。彼女は何やら言いましたが、わかりません。書いて下さいという仕草をすると、彼女は地図を書いてくれました。この下の道を左側に行くとすぐ右手にあるホテルです。最後に彼女は、

「ツーミニッツ」

と、言いました。

ホテルの横に、洒落た木製のアーケードがありました。その上に、ホテル名とここからレストランに行けます、と書いてあります。わたしたちは、ここをくぐりホテルの裏庭に入りました。素晴らしい見晴しですが、少し肌寒いので、裏手の扉をあけ室内に入りました。まだ早いようです。客はわたしたちだけです。テーブルにつくと、係の男性がやってきて何やら言いました。井口さんが言いました。

「ウイドライクツイートフォンデシノワーズ」

「オーケー、オーケー。ジャスト、ア、モーメント」

係の男性はにこにこしながら返事しました。この男性と入れ替わりに別の男性がメニューを持ってやってきました。メニューを見ると、一人あたり五二フランです。わたしが、圭ちゃんに言いました。

「高そうね。圭ちゃん、計算してみて」

計算の結果、日本円で一人あたり、五千円少しです。ぐずぐずするのが嫌いなわたしは、二人に、

「いいよね。せっかくだから、頼もうよ」

と言うと、二人も賛成してくれました。

井口さんが言いました。

「ジスワン、プリーズ、アンド、ワイン、プリーズ」

この男性はメニューをめくって別の頁をあけ、指さしながら何やら言いました。言っていることは分りませんが、指差しているワインを勧めていることは分ります。値段は五〇フランです。少し高いワインですが、これを頼むことにしました。

「このワイン、白かな?」

わたしが言いますと、井口さんがすかさず、

「ホワイト?」と、聞きました。

「イエス」

「ジスワン、プリーズ」

交渉成立です。ここで、ちょっと説明させていただきます。永井先生から、スイスでは、ミートフォンデを食べるように。それも、フォンデシノワーズを食べるように、と教えて

もらっていました。シノワーズとは、フランス語で、中国のという意味だそうです。中華風フォンデとでも言いましょうか、スープがブイヨンのフォンデです。オイルの代りにブイヨンなので、野菜や肉を放り込んでもオイルのように跳ねることはありません。食後にこのスープを飲む事も出来ます。

先ず始めに食前酒が、次いで、はる巻きのような食べ物が出てきました。美味しくいただきました。さらに、中華料理が二種類出てきて、最後にブイヨンに入れるメインの肉、魚の切り身、野菜が出てきました。普通はこれを鉄の串に刺し、煮えたぎったブイヨンに入れます。串の代りに、茶漉しのような物が置いてありました。これに食物をいれ、ブイヨンに入れました。串刺しでは、充分刺さっていないと、外れることが多いのですが、この入れ物では、落ちることはありません。ソースはフルーツソース、タルタル風ソース、とうがらしソース、ピクルス風ソース、実に二〇種類もあります。一つ一つじっくり味わいながら、ゆっくり食べました。ワインを飲むたびに乾杯をしました。ワイン代を割りかんにしても、一人あたり六五〇〇円です。一万円の価値はあるでしょう。サービスは満点で、従業員の態度は実に洗練されています。

支払を済ませ、チップを渡して清算書をみました。なんと、このホテルは五ツ星だったのです。当然のサービスだったのかもしれませんが、食事でこんなに幸せな気分になったことはありません。ペンションまで数分の道を、ゆっくり、鼻歌を歌いながら帰りました。

第五章　ロゼックの谷の馬車旅行とハイキング

七月一三日　晴れ

翌朝は、九時半にペンションを出発しました。今日の昼食はレストランで食べますので、小さなリュックに食料品は入っていません。寒さよけの防寒衣、カメラ、貴重品くらいで、身軽なものです。本に載っている地図を見ますと、ポントレジーナの駅前まで一五分くらいです。町のメインストリートをぶらぶら歩きました。日本人ツアーの団体さんがメインストリート沿いの四つ星ホテルから出てきて、通りを忙しそうに歩いています。ホテルの横の駐車場には、バスが止っており、フロントに日本でもお馴染みのT観光と貼り紙がしてありました。出発まで、時間がないのでしょう。殆どの人はわたしたちが会釈をしても、返してくれません。井口さんが

「あの人たち、愛想ないね」

「そうね。高級ホテルに泊っているので、お高くとまっているのよ」

「それは、ひがみよ。バスの時間がないので、余裕がないのよ」

「それに較べて、わたしたちは、幸せねえ。時間は充分あるし、それに昨日は美味しいフォンデを食べたからね。あの人たちは一万円のホテルに泊って二〜三千円の料理で、わたしたちは五千円のペンションに泊って、六千円の料理ってとこかなあ。それに、そこの高級ホテルよりもわたしの部屋の方が眺めはいいからね」

井口さんの部屋は、最高です。ベッドから窓に目をやりますと、その向うにベルニナの山々が見えるのです。今夜はわたしが、この部屋を使います。スイスフランが少なくなってきました。メインストリート沿いの銀行で両替をしました。今日の交換レートは、一フランが九六円で、少しばかり円が強くなっていました。それとも、飛行場の両替所よりも、銀行の方が交換レートが良いからかもしれません。

美しい町をゆっくり下って行き、ポントレジーナの駅前に着きました。既に、馬車が三台止っており、客が数人乗っていました。この分だと乗れそうです。わたしが、機嫌の良い井口さんに言いました。

「あなたの出番よ」

「交渉はみんなわたしなんだから、どれどれ会話集には何て書いてあるのかなあ？」

積極的で物おじしない井口さんは、全く苦にしていません。楽しそうにすら見えます。

「あれ、載ってないよ。仕方ない」

彼女は、御者の方に行き、

「ウイドライクツゴーツー、エート、レストラン」

と、言いました。御者は、彼女の言っていることが分らないようです。

「この人英語わからないみたいねえ」

「レストランと言っても、分る訳ないでしょ」

わたしがペンションから持って来た観光案内のパンフレットを見せると、御者は笑いながら
「ヤーヤー、スリーパーソン？」

と、聞き返しました。

「この人英語話せるようね、ハウマッチ？」

彼は何やらドイツ語で言ったようですが、わかりません。値段を言ったと思いますが、

数字を言われると、英語でも分りません。ドイツ語でも分りません。フランを見せますと、一〇〇フランをとり、二八フランのお釣りをくれました。

「圭ちゃん、計算、計算」

「一〇〇ひく二八は七二、七二わる三は二四。一人二四フラン、今日の交換レートいくらだった？」

「一フラン、九六円よ」

わたしが言うと、井口さんが

「二四かける九六は二三〇四、二三〇〇円、結構高いわね」

と、言いました。

御者は三台止まっている馬車のうちの最後尾に乗るように促しました。既に、六〇才前後の夫婦が二組のっていました。お互に知り合いらしく四人はしきりにドイツ語で話しています。前部席は向い合せで、後部席は一列だけで前部席より一段高くなっており、一列に四人座れるので、一二人で満席となります。御者が何やら言っています。手招きしています。御者席に座れ、と言っているようです。御者席は後部席より更に高くなっており、見晴しは最高です。小柄なわたしたちですが、三人座ると御者さんの手綱さばきには、窮屈なようです。それで、圭ちゃんが後部座席に移ることになりました。

馬車は一〇時半に出発しました。わたしたちの馬車が先頭にたちました。一〇〇mほど先のベルニナ線の踏切を横切り、緩やかな勾配を上っていきました。左手の小川は幅は二〇～三〇mほどで、白い色をしています。スイスの川の多くはこのように白い色をしています。雪解け水が流れ込んでくるからでしょう。この数日、雨が降っていないようです。土埃があがりますので、先頭でよかったと思いました。左手の小川は、せせらぎを響かせゆっくり流れています。その向う側は樹木で覆われたなだらかな斜面で、その下の山道を数人のハイカーたちが歩いています。右側の山裾の平地では、牛たちが草を食んでいます。から松ともみの木の林が続いています。美しい風景です。写真を何枚も撮りました（写真4）。

緩い勾配でも、馬車を引く二頭の馬は大変です。後脚で地面を蹴るたびに筋肉が波打ちます。平地になり、御者のたずなで背をたたかれた馬は駆足になりました。この時、馬はしっぽを持ち上げ、お尻の穴を広げおならを始めました。わたしが、

「くさい、くさい」

と言いますと、井口さんも、

「くさい、くさい」

と更に大きな声をあげ、大騒ぎとなりました。

　御者は笑っているだけです。こんな事は日常茶飯事なんでしょうが、わたしたちにとっては大変です。後でこの様子を見ていたスイス人と圭ちゃんも大きな声で笑いました。

　三〇分ほど走ると、橋が見えてきました。橋の上から、奥の氷河がよく見えます。馬車は橋を渡り終え、小川の左側へと移りました。この辺りから見晴しが良くなってきて、氷河が迫ってきました。スイス人が何やら言うと、御者は馬車を止めました。スイス人たちは、写真を撮り始めました。素晴らしい景色が広がっています。わたしたちも、馬車をおりて写真を撮りました。左にから松林、右に小川、後に氷河。素晴らしい光景です。再び、馬車は進み出しました。耳に心地良い小川のせせらぎと鳥のさえずり、細い針葉のから松林、雄大な氷河、本当に美しく絵になる風景です。さらに、三〇分ほど走ると、再び橋が見えてきました。

ここを渡り、数百mほど先で馬車は止まりました。終点です。川の両岸は広くなり、左岸側にレストラン、倉庫、馬小屋があります。馬車を降りると、少しばかり肌寒さを感じましたので防寒衣を着ました。一一時半で昼食には少し早いので、わたしたちはレストランを通りすぎ、その先の道を奥に進みました。多くのひとたちがこの道を往き来していま す。傍らの草原で若者たちが、食事をとっています。

ここから、一時間ほど歩けば氷河の近くまで行けそうですが、レストランから四〜五〇〇mのところで河原側におり、川岸に生えている高山植物を観察し、おたまじゃくしと遊びました。数ヘクタールの河原に二〇種類以上の高山植物が咲いています。白、黄、紫、薄い赤、いずれも可憐で小さな花です。圭ちゃんはこれを写真にとり、わたしと井口さんは摘みました(写真5)。レストラン近くの小川では、三〇羽ほどのあひるが水浴びをしています。実にのどかな風景です。

一二時半になりましたので、レストランに行き裏手のテラスに腰をかけました。他の人の様子を見ていると、料理がのったトレーを持って席についています。セルフサービスのレストランの様です。荷物を椅子の上に置き、料理を選びに建物の中に入りました。自分の好きな料理が選べますのでほっとします。食事をしながら、氷河に目をやりました。ゆったりした気分で食事を楽しみました。

腹ごしらえを終え、わたしたちは帰途につきました。帰りは馬車道から少しはずれたハイキングコースを進みました。道幅は人が一人通れるくらいの広さです。左右に目をやりながら、林のなかをゆっくり進んでいきました。リスを探すためです。このハイキングコースにはリスが出現するとありましたが、なかなか見つかりません。涼しい木陰はゆっくり進み、陽のあたる暑い道は早く進みました。冬の間アルプスの峰々に積った雪は、夏の日差しをうけ、乳白色から透き通るような水に姿をかえ、山の斜面をゆっくり流れ落ち、小さな水路となってハイキングコースを横切り、さらに数m下の小川に流れこんでいます。この冷たい美味しい水を何度も手ですくって喉をうるおしました。

もたもた進むわたしたちを、後から来た人たちが追い越していきます。向うから来る人たちは、すれちがうとき「チュッ」と、挨拶してゆきます。意味がわかりません。わたしたちは、ハロー、グーテンタークと言いました。帰国してから教わったのですが、この〈チュッ〉はドイツ語で、さようなら、という意味だそうです。アウフビーダーゼーエンよりも親しみがこもっているそうです。

一時間半のコースですが、わたしたちの足では二時間半はかかります。四〇分ほどで、一回目の休憩をとりました。リスの現れそうな場所に腰掛けましたが、リスは居ませんでした。一〇分ほど休んでから、わたしたちは再び歩き出しました。小川は左下に見えます。上ったり下ったり、小川に近付いたり、遠ざかったりしながら、徐々に平坦になっていく山道を進みました。そろそろ、町が近いようです。もう一度休憩をとりました。その時、一〇m先の樹木の根っこのあたりを小さな動物が数匹素速く移動していきました。圭ちゃんが、

「リスよ、リスがいるよ」

と、叫びました。

わたしも、井口さんも彼女の指差す先を見ました。リスではなく、小鳥でした。地面に転がっていた木の実をつついていた小鳥が、数羽飛び立っていきました。残念ながら、勘違いでした。わたしたちは、再び歩き始めました。井口さんが、

「リスさん、リスさん、あなたのおうちは何処でしょう?」

と、やけ歌を歌い、わたしは、鼻歌を歌いながら、圭ちゃんは黙々と山道を下りました。まもなく、ベルニナの線路がみえてきました。ポントレジーナ駅は、もう間近です。

ポントレジーナ駅からチラーノ行きの汽車に乗りました。ベルニナ線の途中で降りて、ハイキングするためです。ハイキングはオスピッツベルニナからアルプグルムに向うコースにしようか、それとも逆のアルプグルムからオスピッツベルニナに向うコースにしようか、迷いました。リュックからヨーロッパ鉄道時刻表を取りだし、両駅の帰りの時間を調べました。わたしたちの足では二時間はかかります。両者の高低差は二〇〇ｍで、前者だと下りになりますので、このコースを選びました。無理して明日からの日程に支障を来しても困ります。

オスピッツベルニナで数人ほど下車しました。わたしたち以外の人たちは、ポントレジーナ方面に向って行きました。氷河が右やや後方に見えます。素晴らしい光景です。氷河を背に、線路沿いの道を進みました。ロゼックの谷のハイキングコースと違って、このあたりには樹木はまったく生えていません。岩肌のみです。しかし、高山植物は沢山あります。ランタナやバーベナを小さくしたような花が多いのですが、実に面白い形をしたものがありました。耳かきの綿のようなワタスゲ、枯れた花の形がすぼんだ破れ傘を逆さにしたようなものもあります。

やがて、ボーイスカウトが野営している広場が見えてきました。二〇才くらいの若者が、しきりに声をかけてきます。

「こんにちわ、こんにちわ」

と、言って近付いて来ます。しかし、ある程度まで来ると立止まったままで、それ以上は近付いてきません。以外と恥かしがり屋さんかも知れません。彼の知っている唯一の日本語が、こんにちわ、だけなのでしょう。小学生から二〇代までの少年たちが、一〇〇人以上はいるでしょう。わたしたちは、この横を通り過ぎて行きました。これからが、登ったり下ったりで、骨の折れる道でした。途中、工事中のため横道に入りました。キャンプ場を通り過ぎて一五分経ったころ、民族大移動が始まりました。ボーイスカウトの集団が移動を始めたのです。わたしたちの方に向ってくるではありませんか。その歩みは、わたしたちのそれに較べると、格段に早く、すぐに追い抜かれそうです。この早さが道標に書いてある平均的な早さかもしれません。案の定、一〇分もしないうちに、先頭集団が追い越して行きました。

さらに、数分もしないうちに最後尾からも追い抜いて行かれました。わたしたちといえば、この後について行くのがやっとです。このあたりから、道はどんどん下っていき、草や樹がはえている地帯になりました。ボーイスカウトの最後尾がやっと見えています。そのうち、道がわからなくなってきました。少年たちを見失わないように、一所懸命歩いていると、右前方にバリ氷河の雄姿が見えてきました。ゆっくり見ている暇はありません。少年たちの姿は見えなくなりましたが、足跡はわかります。そこを五分ほど進むと、やっとベルニナ線の踏切に辿りつきました。この後は、線路に沿った道を歩めば良いのですから、一安心です。幸運でした。少年たちが居なかったら、こんなに早くここに着けなかったかも知れません。

右前方にバリ氷河がはっきり見えます。同時に、三〇〇mほど先に駅が見えました。アルプグルム駅のようです。駅に到着すると、少年たちはプラットホームで休んでいました。汽車待ちをしている様子です。ホームでふざけあっています。わたしたちは、駅のホームから正面に見えるバリ氷河の写真を撮りました。更に、駅舎の壁に掛かっている木製の駅名の表示板を記念に撮りました（写真6）。

　まもなく、この少年たちは駅から一〇〇mほど下の谷間に移動を始め、またたく間に谷間の池の周りで野営の準備を始めました。手際の良さに感心するばかりです。同時に、汽車が混まなくなったのでほっとしました。

　帰りの汽車は混んでいました。前の席に仙人のような風貌をした六〇がらみのお爺さんが座っています。ところどころに、破れ目の見える汗まみれのうす汚れた登山服。煤けた顔。数日間、風呂に入っていないようですが、臭くはありません。老人は目つきが鋭く、精悍な感じです。小さなリュックを背負い、両手をステッキの柄にのせています。井口さんがわたしをからかいました。

「このお爺さんは、山上さんの将来の姿のようね」

「まあ、どういう意味？　ちょっとひどいわ、圭ちゃん、ひどいと思わない」

「変な意味じゃないのよ。このお爺さんとあなたには、共通点があるからよ」

「わたし、怒るわよ。わたし、年取っても清潔よ」

「二人とも山が好きで、あなたも年とったら、このお爺さんのように風格のあるハイカーになるだろうな、と思っただけ。褒めているのよ」

「そうかな。わたしには、褒めているのか、けなしているのかわかりませーん」

三人は大きな声で笑いました。もし、わたしたちの会話がわかれば、前のお爺さんは怒り出していることでしょう。言葉がわからないと言う事は、便利なことです。井口さんが続けました。

「あのステッキ、すごいわねえ。山の木を利用しているようね。柄の部分は実に良く出来ているわね」

実に調和のとれた彎曲です。おそらく、この老人はこれを愛用しており、誇らしく思っているのでしょう。この老人は、ズロバスの一つ手前の駅で降りて行きました。わたしたちは、ズロバス駅でおり、無人駅の時刻表を見ました。明日のザメダン行きの列車の出発時間を調べるためです。ヨーロッパ鉄道時刻表には、このようなローカル列車の記載はありません。この駅の時刻表にものっていません。ポントレジーナ駅に行けば載っているかもしれません。次の列車まで、一時間以上あります。仕方ありません。ポントレジーナ駅まで歩くことにしました。先に述べましたように、線路に沿って一〇〇ｍほど進み、右に折れるとポントレジーナの町で、そのまま真っ直ぐ森を通り抜けるとポントレジーナ駅です。

わたしたちはこの森の散歩道を進みました。数分ほど歩いたとき、木の根っこのあたりで何かが動きました。リスでした。今度は間違いなくリスだったのです。リスは素速く隣の木に飛び移り、さらに奥の木へと走り去って行きました。この間、わずか五秒ほどでした。井口さんが、

「リスさん、リスさん、あなたのおうちは、ここなのね」

と、歌いました。

わたしたちも、一緒に歌いました。怪我の功名とは、まさにこのことです。わたしたちは、歓声をあげました。

嬉しい気分で駅に行き、明日の出発時間を調べ終えると、七時になっていました。駅の前にセルフサービスのレストランがあるではありませんか。ついていると思いました。わたしたちは、チキン、ハンバーグ、魚、ジュース、ビールを注文しました。料金と引き換えに、トレイに料理と飲み物とレシートをのせてもらい、テーブルにつきました。思った

より、料金がたかいのです。レシートをみると、チキン六・五フラン、フライドポテトも六・五フランとあります。井口さんとわたしは、レシートを持って受け付けに行きました。井口さんが、二行目の六・五フランの所を指差しながら、

「ワットイズジス」

と、怒ったように言うと、当然のことのように、若い女性は、

「フライドポテト」

と答えました。

わたしたちは、ぶすっとしたまま席に戻りました。すると、始めに精算をしてくれた五〇才前後のおばさんがやって来て、大きな声でレシートを指差しながら、

「ジスイズチキン、ジスイズフライドポテト」

と、言いました。えらい剣幕で怒鳴っています。井口さんも負けずに他の客に聞えるように、

「フライドポテト、シックス、ファイブフラン?」

と、言いました。すると、このおばさんは、何も言わずに退散して行きました。どう考え

てもおかしい。ごまかされたとしか思えません。食事でこんなに不幸せな気分になったことがあるでしょうか。わたしたちは、不愉快な気分のままレストランを後にし、ペンションに戻りました。

第六章　エンガディン急行でチロルへ

七月一四日　晴れ

翌朝、食事のテーブルで圭ちゃんが言いました。

「散歩しているとき、いい事あったのよ」

もったいぶっている圭ちゃんに、わたしが、

「なーに、早く言いなさいよ」

「わたし、リスを見たのよ」

「へーえ。ついてるわね。今日、いい事あるかもしれないね」

「二回も見たんだから、ついてるんでしょうね。早起きは三文の徳ね」

昨日の夕食の事はすっかり忘れて、話しがはずみました。機嫌のいい圭ちゃんが、食事の様子をカメラに収めました。井口さんが彼女のカメラについている鈴をみて、聞きました。

「その鈴いいわね。どこで買ったの？」

「イタリアリラが余ったので、チラーノ駅の売店で買ったんですよ」

「かわいいね」

「鈴をつけていたら、カメラ失くさないでしょ」

わたしが口をはさみました。

「歩いていたら鈴は鳴るけど、置き忘れたら鈴は鳴らないよ。そうしたら、結局は同じじゃない」

「また、そんな事言って、山上さんは現実的なんだから」

井口さんが横槍をいれました。朝からやりあっても不愉快になります。わたしは話題を替えました。

「わたし、リフト乗場のあたり散歩して来たのよ。ここから歩いて五分ほどのところにあるのよ。空気が冷たくてとっても気持良かったわ」

「本当、わたしも散歩すれば良かった」

「誘おうと思ったけど。あなたお化粧に時間がかかるでしょ。あなたは朝は無理よ」

「山上さん、それさっきの逆襲」

「そんな事ないわ。わたしは、ただ事実を言っただけなの」

「そうでしょ。わたしは、ぶすだから、お化粧に時間がかかるんでーす」

「まーた、思ってもない事言って……。それより、パンを入れましょ。昼の仕込をしましょうよ」

いつものように、食後にお昼のパンを詰めました。ここの食事の内容は良で、ブルンネンと同じように盛り沢山ですから、種々詰めました。

一時間後に出発しました。ポントレジーナ駅までは遠いので、ズロバス駅から汽車に乗ることにしました。途中、例の生協で果物、飲み物を仕入れ、ズロバス駅に向いました。ズロバス駅のホームの向う側の林に、木の箱が置いてあります。小鳥の箱かリスの箱かわかりません。リスであることを願って、この木箱を写真に撮りました（写真7）。

次のポントレジーナ駅で降り、ザメダン行きの列車に乗り換えました。列車はここが始発ですから、既にホームで待機しています。列車に乗る前に、ポントレジーナの街とベルニナ山群に別れを告げました。二〇分後に出発した列車は、一〇分ほどで、ザメダン駅に着きました。

三〇分待って、スクオル行きの列車に乗りました。列車は、ウンターエンガディンの谷をスクオル目指して進みました。本には、線路ぞいの家々の壁には、スグラフィッティと呼ばれる彩色画が施されており、この地方独特のものと紹介してありますが、そのような家は殆どありません。

一二時すぎに、スクオル駅につきました。バスの出発時間まで一時間近くあります。昼食をとるには、ちょうど良い待ち時間です。奥に一〇畳ほどの待合い室があり、幸いなことに、テーブルと椅子もおいてあります。田舎の駅なので誰もいません。ゆっくり昼食をとる事が出来ました。

一五分前には、駅前にあるバス停に移動しました。ベンチにリュックを置き（写真8）、前方を眺めると、スクオルの町が見えます。落着いた風情の、とても美しい町です。素通りするにはもったいない気がしますが、やむをえません。

バスの出発の頃には、二〇人程の乗客が集ってきました。運転手はバスの横腹のドアを開け、大きな荷物をそこに入れるように促しました。ルガノからメナッジョまでのバスでは、荷物は座席まで運びました。長距離バスは、こういうシステムになっているのかも知れませんが、とにかく、有難いことです。身軽になった遠距離客や近辺の客たちが席につくと、まもなく、バスは出発しました。

バスは直ちにスクオルの町に入りました。家々の壁には例のスグラフィッティが描かれてあります。やっと、実感することが出来ました。バスは町の広場で、数分間停車しました。小さな広場ですが、ほぼ中央に可愛い水のみ場がありました。ここが、観光雑誌の写真に出ていた広場です。小学生の女の子が乗ってきました。この子が挨拶すると、運転手も挨拶をかえしにっこり微笑みました。次いで、老夫婦が乗ってきました。奥さんと運転手は世間話しを始めました。遠距離の旅行客以外は、みんな知り合いのようです。実にのどかな風景です。

広場を出たバスは大きく向きをかえ、狭い道へと入りました。庇にぶつかりそうになりながら、ゆっくり進んで行きます。教会の傍を通り過ぎると、家はまばらになってきました。まもなく、郊外に出たバスは田舎道から自動車道へ入り、ここからスピードをあげました。右手の川は、おそらく、イン川でしょう。暫く、イン川を並走したバスは、再び田舎道に入りこみ小さな村に到着しました。こんな小さな村にもペンションがあります。誰が泊るのでしょうか。自動車道から田舎道へ、田舎道から自動車道へ、数度繰り返した後、バスはオーストリアに入りました。このあたりは峠で、イン川は、はるか下を流れています。バスは曲がりくねった峠を猛烈に飛ばします。下を見ると、生きた心地がしません。二〇分ほど、息をひそめていると、バスはやっとのどかな田園地帯に入りました。家々の軒やベランダでは、ゼラニウムやペチュニアやインパチェンスがプランターからところ狭しと顔を出しています。本によりますと、オーストリアの人達は花が好きで、どこの村でも人々は花を愛し大切に育てている、とありますがまさにその通りです。花の里と言った風情です。それも、中途半端でなく、全ての家が花で飾られていると言っても過言ではありません。スイスも美しいところは少なくありませんが、花を飾っている家はあまり見かけません。ランデックまで、あと三〇分ほどになった頃から、**Zimmer frei**（空き部屋あります）との旗を掲げたペンションが増えてきました。いずれも、美しく着飾った花の洋服で魅力を振りまいています。こんなに美しい所なら、ここで降りて一泊しても良いと思いましたが、予定通りインスブルグまで行くことにしました。

ランデックから列車に乗り替えました。インスブルグまで一時間もありません。インスブルグ市内に泊るか、郊外に泊るか、迷っていましたので三人で話しあいました。今夜はヨーデルショウを見るつもりです。終わってからでは、最終バスに間に合わないかも知れません。市内に泊まるのが無難なようです。『地球の歩き方』のウィーンとオーストリア編に市内のペンションが紹介してありますが、一度、インフォメーションに行ってみようということになりました。通じなくてもともと、その時は市内のペンションをあたってみることにしました。

駅の両替所で円をオーストリアシリングに替え、駅の西側にあるインフォメーションに向いました。井口さんが、

「イクスキューズミー、ドウユウスピークイングリシュ？」

と、言いますと、係の女性は微笑みながら、

「イエス、メイアイヘルプユウ」

と、言いましたが、その後はさっぱり分りません。井口さんはすかさず、例の四ケ国語会話集を女性に見せました。ホテルを紹介して下さい、出来れば、郊外を、という箇所です。

彼女は、微笑みながら
「オーイエス、ジャスト、ア、モーメント」

と言い、コンピュータに向いました。こちらの受け付けの人たちの笑顔はとても素晴らしいものです。心からの笑顔なので、ほっとします。親切な係の女性は、紹介の紙に地名と、ホテル名、バス路線の番号、二〇分（これは多分そこまで行く時間だと思います）、それに一泊の料金を書いてくれました。それには、イグリス、ボンアルピーナ、一二番線、バス付きの三人部屋で一五〇〇オーストリアシリング（一五〇〇×一一・六＝一七四〇〇円で一人あたり五八〇〇円）と書いてありました。アルピーナという名前が気に入りました。ブルンネンのホテルと同じ名前です。

「オーケー」

と返事すると、彼女は机に向い先程の用紙に何やら書き、その用紙をわたしたちにくれました。

「サンキュー」

わたしたちが、立ち去ろうとすると、彼女は何か言いました。わかりません。微笑みを浮かべていた彼女の顔は厳しくなっています。彼女は再び先程の用紙を手にし、説明を始めました。やはり分りません。彼女は別の紙に五〇シリングと書き、さき程の用紙の五〇シリングの所を差し示しました。圭ちゃんが、慌てて言いました。

「きっと、紹介料か、ホテルの内金を払って下さいって、いうことよ」

わたしと井口さんが、同時に、

「アイムソーリー」

と言い、五〇シリングを払いますと、彼女は再びにっこりして、

「サンキュー、バーイ」

と言い、手を振ってくれました。

物事に動じない井口さんが居なかったら、どうなっていたことでしょう。本当に、心強く思いました。ほっとしてバス停に向っていると、圭ちゃんが青い顔をして、

「わたし、カメラ忘れたみたい」

と、言いました。

「え、どこに」

わたしが聞くと、

「汽車の中に忘れたみたい。どうしょうか」

「うーん、仕方ないね」

圭ちゃんは、気を取り直し、

「仕方ないねー。わたし、カメラの会社の名前も知らないし」

インフォメーションで、あれほど、もたもたしていた事を思うと、忘れ物の届け出などする気にはなれません。四ケ国語会話集には、忘れ物の箇所はありますが、何しろ相手の言う事がわかりません。三度目の幸運は、ありませんでした。

わたしたちは、駅前のバス停に向いました。道を歩いている人にイグリス行きのバス停を聞きました。もちろん、インフォメーションの係の女性のメモを見せながら。ちょうど、通りかかった二五才くらいの男性が、わざわざ向い側のバス停まで案内してくれ、ちょうどやってきたバスを指差し、このバスですよと教えてくれました。親切な人です。

「サンキュー」

と言うと、

「ハブアナイストリップ」

と言い、去って行きました。心細いときにこのような親切を受けると、本当に嬉しいものです。こちらの人達は本当に親切だと思いました。

バスはインスブルグ市内を北上し、マリアテレージャ通りに入ると西に折れ、凱旋門を通り過ぎ、再び南に曲りました。先程、わたしたちの汽車が通った線路を横切り、インスブルグの南へと向いました。途中、冬季オリンピックのスケート場に寄り、さらに坂を登り奥へと向いました。坂の下は市街で、このあたりは郊外です。一〇分程走ると、美しい町が見えてきました。イグリスです。ホテルボンアルピーナは、バス停の目と鼻の先にありました。

ボンアルピーナは、結構大きなホテルです。受け付けで予約票を見せ、部屋に案内してもらいました。なかなか素敵な部屋です。バスも付いていますから、一人あたり五八〇〇円はまあまあの値段です。少し休憩し、インスブルグの町に出かけることにしました。次のバスの出発まで一五分あります。受け付けで、今夜のヨーデルショウの予約をすることにしました。受け付けのおじさんは、一人できりもりしており、とても忙しそうです。こ

のおじさんに、例の四ケ国語会話集を見せ、

「ヨーデルショウ」

と言うと、おじさんは、にっと笑いながら、

「ヨーデルショウ」

と、大きな声で返し、予約の電話を入れてくれました。

なかなか、つながらない様子です。この時、外出していた韓国の団体客が戻って来て、部屋のキーを戻し始めました。わたしたちは焦りました。もうすぐ、バスが来るのに。五分は無駄になったでしょう。おじさんは再び電話をいれてくれましたが、つながりません。今度は別の国の人が戻って来て、話しを始めました。あと五分しかありません。話しを終え、電話を入れるとやっとつながりました。地図入りのヨーデルショウのレストランの予約カードを受けとり、お金を払い終え、外を見ましたがバスはまだ来ていないようです。バス停の傍に可愛いお土産屋さんがありましたので、バスが到着するまで、これを背に写真を撮りました（写真9）。

バスの車窓から、スキーのジャンプ台が見えました。実際に見たのは始めてです。遠く

からでもその偉容には驚くばかりです。よくあのような所から飛べるものだと改めて感心しました。イグリスに向うときは長く感じましたが、今度はすぐに町に着きました。どこで降りたらいいのかわかりません。凱旋門だけは分りますので、その傍で降りました。本を見ますと、この通りはマリアテレージャ通り、とあります。ここを真っ直ぐ行くと黄金の小屋根に辿りつきます。途中、アンナ記念柱を背景に写真をとり、ウインドショッピングを楽しみながら、ぶらぶら歩いていきました。マリアテレージャ通りからヘルツォーク・フリードリヒ通りへ入ると、ここは歩行者天国となっており、狭い通りの両側には沢山の店がありました。ブティック、鞄屋、レストラン、お土産屋、種々雑多な店が並んでいます。小屋根の前の広場で、一〇人程の小楽団が演奏を始めました。知らない曲です。五分ばかり演奏すると、行ってしまいました。このとき、わたしが、

「この小屋根ちょっと変よ」

と、二人に言いました。楽団に気をとられて気がつかなかったのですが、よく見ると工事中であり、前面に実物大の写真が掛けてあります。

「残念ねー」

圭ちゃんが言うと、井口さんが言いました。

「仕方ないわね。このまま写真を撮ろうか」

工事中の写真を撮りました。さらに、左角にあるロココ風の建造物のヘルブリングハウスを撮り終え、小屋根の右手の道を歩いてその奥にあるドームに行きました。威厳に満ちた立派な教会です。わたしが、十字をきってお祈りをする仕草をしました。井口さんが、

「クリスチャンでもないのに、面白い人」

と、言いました。

「教会に入れば、こうしないと罰があたるのよ」

わたしの返事に、井口さんは、何か言いたそうでしたが、黙ったままでした。教会の中だからでしょう。祭壇の近くまで歩いて行き、写真を撮りました。写真は禁止かも知れません。再び、教会の外で、教会をバックに写真を撮りました。

ぶらぶら歩いて行くと、庭園がありました。本を見ると、ブルグ庭園とあります。それ程、大きな庭園ではありませんが、多くの市民が散歩やお喋りを楽しんでいます。市民の憩いの場となっているようです。変った形のバラがあります。横の枝を切り落とされ、一

mほどの一本の幹の上にバラの花が咲いています。もちろん、この枝には支えの棒が添えられていますが、不自然な剪定です。正面奥に、多分マロニエと思いますが、面白い形をした大木がありました。途中まで寝転んだように横たわり、その先は一〇m程の高さまで真っ直ぐ上に延びています。公園の外の真っ直ぐ延びている街路樹は、マロニエやプラタナスという事はわかりますが、この樹の名前は分りません。

再び、市街に戻りました。永井先生お勧めの魚マークのセルフサービスの店に行きました。ドイツ、オーストリアの主要都市にあり、新鮮な魚料理を提供してくれる店だそうです。六時一五分とそんなに遅くないのに、残念ながら店は閉まっていました。この近くで、巡回劇団が芝居をしていました。小さな舞台の上で女性が男性に向って泣き叫んでいます。暫く観ていましたが、何の芝居をしているのか分りません。あまり長く観ていると、お志しの小銭を帽子に入れないといけません。わたしたちは足早に立ち去り、再び黄金の小屋根の前の広場に向いました。多くの人が店の外で食事をしています。人通りの多い通りでです。中を見てみると、殆ど人がいません。外の席からうまっていくようです。わたしたちは、こういう所での食事には慣れていませんので、そのままイン川の方に歩いて行きました。川辺にイタリア風のレストランがありましたので、そこで食事をとることにしました。

若い愛想のいいウエイターが川岸の席に案内してくれました。ここからがわたしの出番です。わたしはピザが嫌いなんです。わたしは回りを見回しました。左隣の五人家族の食事は、合いそうにありません。右隣は空席で、更にその隣の中年の夫婦が食べている料理が美味しそうです。わたしは愛想のいいウエイターをそこに連れていき、皿の上まで手を持って行き、

「これ、これ」

と日本語で言いました。ウエイターは、わたしの言っている意味を理解してくれました。この夫婦はびっくりした様子でしたが、直に、わたしの態度を分ってくれ、笑いながら、

「グート、グート」

と、勧めてくれました。

これを二皿、チキンを一皿、そして飲み物を頼みました。

「あれ、雨が降ってきたのかなあ」

井口さんが空を見上げましたが晴れています。井口さんの背中のマロニエの樹の上で小鳥が遊んでいます。どうも、小便をひっかけられたようです。

わたしは、雀の泣き真似をしました。チュン、チュン。これは、子供のときからのわたしの得意技で、雀そっくりの鳴き声を出す事ができます。左隣の子供たちは、珍しそうにわたしを見ました。それから、度々、わたしたちの方を見ます。折り紙の親善大使である圭ちゃんが、急いで鶴と舟（マストの位置がかわる日本ではポピュラーな折り紙）を折って、この子供たちのところに持って行き、舟の扱い方を教えました。子供も親たちも大喜びで、彼女の仕草を熱心に観ていました。折り紙を貰った子供たちは、暫くの間、折り紙で遊んでいましたが、まもなく、席を立ち、

「ダンケシェーン」

と、言って帰って行きました。

二人の子供は、途中、何度も何度も振り返り、手を振って人込みの中に消えて行きました。言葉は必要ないようです。心のこもった態度は、相手に十分通じるようです。とくに、純粋な子供たちは喜んでくれます。

勘定を済ませチップを渡すと、愛想のいいウエイターは怪訝そうな顔をしました。チップが少なかったようです。ヨーデルショウの会場を教えてもらわないといけません。もう少し、チップを奮発しました。今度は、ウエイターはにこにこしています。予約カードを彼に渡しましたが、彼は首をひねっています。

「ウエイトアミヌッツ」

と言うと、奥にいる二人の同僚のもとに行きました。

それでも、分らない様子です。彼は予約カードをわたしに戻すと、わたしたちをマリアテレージャ通りまで連れて行き、あそこのインフォメーションで聞けばいい、と教えてくれました。八時ですので、インフォメーションは閉っています。でも、彼に何て言っていいか分りませんのでそのまま別れました。

ヨーデルショウの開始は九時です。まだ、一時間あります。再び、黄金の小屋根付近の広場に行き、外のテーブルで給仕をしているウエイターの手がすいた頃を見計って尋ねました。

「ウエアイズジスホテル？」

井口さんが、予約カードを見せました。彼は早口に何か言いましたが、わかりません。困っているわたしたちを見て、

「タクシー、タクシー」

と、彼は言いました。わたしが歩く振りをすると、

「ノー、ノー、タクシー、タクシー」

と、再度繰り返しました。

予約カードの地図は実に紛らわしく、まるで会場のホテルがこの界隈にあるように描いてあります。もたもたしていると、八時五〇分になっていました。急いで、タクシー乗場に行きタクシーを拾いました。会場まで七分かかりましたので、歩いて行けるような距離ではありませんでした。タクシー代は九〇シリングでしたから、そう高くはありません。

ショウが始ったばかりです。予約カードを渡すと、係の男性が尋ねてきました。

「ジャパニーズ?」

「イエス」

返事をしましたが、彼の質問の意図がわかりませんでした。

広い会場に七分ほどの入りです。それでも二〇〇人ほどは、客がいるでしょうか。ワンドリンク付きで二二〇〇円です。支払は、宿泊先のボンアルピーナで予約カードを受け取るときに済ませました。舞台を見ると、学芸会のような雰囲気です。七人の男性と六人の女性が、演技しながら歌っています。ヨーデルを歌っているのは、中年の二人の女性です。半ズボンスタイルの四人の男性は、飛びはねながら、半ズボンの下の太腿やお尻をリズミカルに叩き、かけ声を出します。しかし、残念ながら、男性はヨーデルが歌えません。裏声が出ないようです。

二部のショウが始る前に、ハワイからの団体客が舞台に上がり、ハワイアンを歌いました。前列で、太っちょの女性がフラダンスを披露しました。聞きたくないものを聞き、見たくないものを見たような気持です。不揃いの合唱、下手なフラダンスです。二部では、色々な楽器が演奏されましたが、お世辞にも上手いとはいえません。アルプホルンの演奏がありましたが、見たのも聞いたのも初めてでした。二部でも、出色は先ほどの二人の女性のヨーデルの合唱です。これだけで、充分値打があると思いました。

ショウの終了後、演奏者が観客の国の有名な歌を演奏しました。一五ケ国以上はあったと思います。一〇番目くらいに、上を向いて歩こう、の演奏が始まりました。司会者がわたしたちを紹介しました。

「ジャパン」

会場に入るときに、「ジャパニーズ?」と、質問されましたが、その意味がやっと分りました。わたしたちは、前例にならって立ち上がり、大きな声を出して歌いました。前から三列目の三〇才前後の日本人夫婦も立ち上がって歌いました。他の客たちの拍手喝采に、わたしたちと同様、この二人も手を振って答えました。が、後を振り向かなかったので、この拍手は自分たち二人だけに送られたものと思ったでしょう。

第七章　ザルツブルグからウォルフガング湖へ

七月一五日　晴れ

わたしと圭ちゃんは、朝早く起きて散歩に出かけました。このあたりは、こぢんまりしていますが、素晴らしい所です。せっかく、チロルに来たのですから、チロルの田舎の雰囲気を味わいたいと思いました。洒落た水のみ場がありました。冷たくて気持のいい水が流れています。今日の昼の飲み物は、これに決定です。

八時です。いつものように朝食の時間です。食事は豪勢ですが、韓国の団体客が騒がしく、落着きません。それでもしっかり食べ、終わりにはいつもの様にパンやジャムなどを小さなリュックに入れました。

わたしがチェックアウトをしている間、圭ちゃんは水筒に水を入れるために先程の水のみ場に行きました。しかし、道が入り組んでいるため、なかなか分らないようです。バスの時間が迫っていますので、あきらめて戻ってきました。インスブルグ駅には、一〇時に着きました。駅の売店で昼食を仕入れました。ウィナーシュニッツェルがはさまったパンが美味しそうでしたので、これを三個と飲み物を買いました。合計、二〇〇〇円です。

列車は、二時過ぎにザルツブルグ駅に着きました。駅前には近代的なビルが立並んでおり、何の変哲もない都市のように見えます。ザンクトギルゲン行きのバスの発車まで一時間あります。日差しは強くて暑いので、停留所の傍の木陰でバスを待ちました。わたしたちが来る前から二〇人ほどの韓国人がバス停の傍の敷石の上に座り込んでいます。どうやらこの人たちもウォルフガング湖に行くようです。まもなく、このあたりに住んでいると思われる親子がやって来て、やはり敷石の上に腰掛けました。木陰ではそれほどでもありませんが、陽のあたる場所では喉が乾いてきます。男の子はぐずり始めました。母親は男の子の手を引くと、向いの店に行きアイスクリームを買い与えました。日本と同じだなあ、と思いました。

ベンチくらい置けばよさそうなものを。一時間は、中途半端な待ち時間です。ただ、待つしかありません。やがて、人の数が増えて来ました。こんなに沢山の人が全部乗れるのだろうか、心配です。まもなく、二両連結のバスがやって来ました。二両連結のバスなど見た事がありません。うまく考えてあるものだ、と感心しました。全員乗っても、席に余裕はあります。しかし、次のミラベル庭園前で沢山の人が乗ってきましたので、空席はなくなりました。バスはここから少し先で、左に折れ東に向って進みました。一五分ほど市内の家並の中を走り郊外に出ました。美しい田園地帯が広がっています。四〇分ほど走ると、Zimmer Frei（空き室あります）の旗を掲げたペンションが目に飛び込んできます。四〇分ほど走ると、小さな湖が見えてきました。フッシュゼーです。バスは自動車道から湖岸道に入り、二〇〇mほど先の停留所で止まりました。多くの人が降りていきます。ペンションが沢山あり、その多くがZimmer Freiの旗を掲げています。湖では、泳いでいる人、ヨットやウインドサーフィンに興ずる人、楽しそうです。とても美しい湖で、雰囲気も最高です。

さらに、バスは一〇分ほど走りザンクトギルゲンに着きました。多くの人が降りました。例の韓国人の団体さんも降りました。バス停のすぐ傍のリフト乗場の先を右に曲り坂道を下っていきました。数百m先にウォルフガング湖が見えています。五分もあれば、ウォルフガング湖の船着場に行けそうです。途中、Zimmer Freiの旗がかかっているペンションが三軒ありました。これを見ると安心します。今夜の宿は確保できたも同然です。先に行くともっと良いペンションがあるような気がしましたので、町の広場まで行きました。見晴しのいいホテルあるいはペンションを探しましたが、無駄でした。広場近くのホテルやペンションは、いずれも山手の方に集っています。もとの道を引き返し、二軒目のペンション・ハウスチロルで交渉しました。木の温もりのする美しい部屋で、広さも適当で清潔です。気に入りましたので、二泊することにしました。シャワー付きの三人部屋で、九五〇オーストリアシリング（日本円で一人あたり三六七三円です）の安さです。信じられない値段です。それに、船着場まで数分の距離でとても便利です。

まだ四時半です。五時のバスでザツルブルグに行く事にしました。こちらのペンションや二つ星クラス以下のホテルは、夜になると玄関を閉めます。もともとレセプションには、係の人はいません。帰りが門限を過ぎることもありますので、宿泊客には部屋の鍵だけでなく、玄関の鍵も与えられます。ですから、何時に帰ろうが、気兼がいらないという訳です。

六時にミラベル庭園前で降りました。ミラベル庭園は、多くの人でごったがえしています。館の前庭には薔薇の花、庭園にはベゴニアとマリーゴールドが幾何学的な配列で植えてあります。本に載っている写真と同様、わたしたちもホーエンザルツブルグ城を背景にして写真を撮りました。左側に低木のトンネルがありますが何の木か分りません。ここを通り抜け、マリオネット劇場の裏手に出ました。掲示板に、今夜の出し物は魔笛（多分、魔笛？）とありました。

あまりの人の多さには驚きました。世界中からモーツァルトファンが集って来ているのでしょうか。世界的な都市だから仕方ありません。ぶつかりそうになりながら、ザルツァファー川にかかるマカルト橋を渡りました。この橋は二～三人が並んで通るのがやっとで、歩いている人の振動がつり橋のように伝わってきます。川岸には、上半身裸で日光浴を楽しんでいる若者たちが寝そべっています。乳房をあらわにした女性もいます。こちらの人は、他人の目など気にしていない様です。

対岸にある旧市街の、最も賑やかなゲトライデ通りにモーツァルトの生家があります。何時に閉るか分りません。先ず始めにここに向いました。入場料は安くはありません。前半は、モーツァルト、妻、父、母、姉の肖像画、自筆の楽譜、クラビクラ、バイオリンなどが展示してあり、後半は、魔笛に関する資料が展示してあります。途中にはお土産物売場まであり、かなり商業主義的な感じがしました。

ゲトライデ通りに出ると、相変らず人の波です。裏側の広場に回りました。広場には、朝市のようなテントばかりの店が出ており、客で賑わっています。野菜、果物、肉、花等を売っています。モーツァルトのチョコレートも売っています。ガイドブックの地図を見ると、左手にドームがあります。ドームの方にぶらぶら歩いて行きました。途中、いたる所でモーツァルトのチョコレートを売っています。三軒の店の値段を較べてみましたが、何処の店も同じようです。

ドームを見学しました。荘厳な雰囲気です。思わず帽子をとりました。二百数十年前、ここで、モーツァルトの曲が演奏されたのでしょうか。二階から、今にも合唱曲が聞えてきそうです。写真を撮るような雰囲気ではありません。

外にでましたが、余りにも建物が多いため何処をどうやって歩めばいいのか、さっぱり分りません。祝祭劇場を探しましたが、分りませんでした。適当に歩いていると、ホーエンザルツブルグ城へ登るケーブルカー乗場に出ました。疲れていましたので、歩いて上まで登る気がしません。井口さんが、

「スリーパーソン、ワンウエイチケット、プリーズ」

と言って、切符を求めました。

切符売場の人がしきりに何か言っていますが、さっぱり分りません。井口さんが、同じ言葉を繰り返しました。やっと、切符を買う事が出来ました。ケーブルカーは三分ほどで上に着きましたから、五九シリングはいい値段です。楽器を持った人達が数人乗っていましたが、この人達はさらに石の階段を登って上の部屋へと消えて行きました。おそらく、この後、この城で演奏会が開催されるのでしょう。

わたしたちは、テラスの方に行き、ザルツブルグ市内の眺望を楽しみました。

「あの川、なんと言う川やったかね」

わたしが言うと、井口さんが返事しました。

「ザルなんとかで、覚えにくい名前ね。ライン川でないことは確かかね」

圭ちゃんがモーツァルトの生家を探していますが、なかなか見つかりません。ドームは分りますが、その他の建物は似たような屋根をしていますので区別がつきません。最後に、街の写真を数枚撮りました。

帰りは歩いて下りました。再び、下のケーブルカー乗場のあたりに出ました。左は先程来た道です。右に行くと墓地がありました。土地の人かどうかわかりませんが、多くの人が墓地の中の道を生活道路がわりに歩いて行きます。有名な音楽家もここに眠っているのかもしれません。わたしたちも墓の中の道を通り、再び市内に入りました。モーツァルト像のある広場です。本を見ると、この像は最もモーツァルトに似ていない、とあります。子供っぽいモーツァルトとは似ても似つかない親しみのわかない像ですが、一応、写真に収めました。広場のまわりに、数軒喫茶店があります。この店を見ていた井口さんが、

「お茶飲もうか？」

と、提案しました。

「うーん。飲んでもいいけど、食事がいけなくなるからね」

わたしが言うと、圭ちゃんが言いました。

「食事してから、喫茶店に行きましょうよ」

これに決定です。

永井先生から教わっていた、安平（アンピン）という中華料理店です。本の地図を見な

がら探しましたが、なかなか分りません。似たような通りをぐるぐる回ってやっと見つけることが出来ました。日本人のおじさんがいましたのでほっとしました。このおじさんが、メニューを持ってやって来ました。

「日本人ね、どうぞ」

たどたどしい日本語です。この人は、日本人ではなく、中国人だったのです。

中華料理の日本語のメニューですから、少しは分ります。例のごとく、別々の種類の料理を三種類注文し、三人で分けあって食べました。料理の味は、わたしたち日本人にあっています。永井先生が、安平で食事をするようにと勧めて下さった理由が分りました。値段も三人で四〇〇シリングと手頃で、内容も充分満足できるものでした。

さあ、この後はお茶の時間です。そう言えば、こちらにやって来て喫茶店に行ったことがありません。やはり、永井先生推薦の店で、名前はカフェ・モーツァルトといいます。モーツァルトの生家の斜め向いにある、と聞いていましたので、このあたりを探しましたが店はありません。永井先生の勘違いか店が替っていたのか、わかりません。しかし、このあたりに奥が喫茶店になったケーキ屋さんがありましたので、ここに入ることにしました。各々好みのケーキとコーヒー、紅茶を注文しましたが、ケーキが出てきて驚きです。

「わあー、すごいね。日本の二倍はあるね」

井口さんです。

「本当、すごいね。こっちの人、すごく食べるからね。食事もケーキも日本人に較べて、二倍は食べているわね」

わたしです。

「それで、みんな太っているのね。若い女性はすらっとしているけど、結婚した途端、ぶくぶくね」

圭ちゃんです。

「イタリアの人は小柄だったけど、こっちの人は縦横すごいね」

井口さんです。

「わたしたちなんか、子供のようね」

わたしです。

店は既に閉っています。ウインドショッピングを楽しみながら、ミラベル庭園へと向いました。途中、マリオネット劇場のロビーに入り、展示物を見学しました。受け付けの三人の女性は、一所懸命お喋りを楽しんでいます。わたしたちを一瞥しましたが、すぐお喋りに戻りました。扉の向うから魔笛のメロディーが聞えてきます。終幕まで少しだから、入っていいですよ、と言ってくれないかなあと思いましたが、ちょっと虫がいいようです。入口のケースの中に、次の公演で使うと思われる人形が展示してありました。フィガロの結婚のフィガロとスザンナのようでしたが、分りません。

ミラベル庭園の中を横切っていると、楽団員が楽器を片付けていました。野外コンサートがあったようです。旅行前に本を読んだのですが、ここで野外コンサートが開かれると書いてあったのを思い出しました。残念なことをしました。無料でコンサートが楽しめたかもしれません。でも、今日は満足です。ミラベル庭園、モーツァルトの生家、ザルツブルグ旧市街、ホーエンザルツブルグ城を見学し、美味しい物を食べ、美味しいケーキを食べたのですから。ミラベル庭園前から、一一時一〇発の最終バスにのり、一二時少し前にペンションに戻りました。その日もぐっすり眠りました。

第八章　シャフベルグ登山

七月一六日　晴れ

帰りの飛行機便の再確認（再予約）の電話を七二時間前までに入れなければなりません。一九日の二二時出発ですから今日の夕方までに入れないと間に合いません。わたしたち三人でレセプションに行きました。ちょうど、このとき、ペンションの女主人がいました。再確認の会話の例文の箇所と帰りの飛行機の切符をみせると、彼女は頷いて、

「イエス、ジャスト、ア、モーメント、プリーズ」

と返事し、切符にのっている大韓航空の事務所に電話を入れてくれました。つながると、井口さんが出ました。

「アイドライクツーリコンファームマイリザベーション」

と、彼女が言いました。

向うの男性が、何やら聞き返しているようですが、巧くいっているようです。三〇秒も

たたないうちに、井口さんが、

「サンキュー、バーイ」

と言って、電話を切りました。

わたしは、ほっとしました。ものおじしない井口さんも、手を胸に持っていきなでおろしました。わたしが、女主人に、

「ハウマッチ?」

と、聞きました。彼女は、切符の電話番号のところを指差し、

「フリーダイアル」

と言い、微笑みました。

最も心配していた再確認は、このようにして滞りなく終わりました。実は、今朝起きてから、わたしたちは例文集を見て何回も練習したのです。東後勝明氏の英会話一一〇番・海外旅行編の例文です。これは、永井先生から勧められて買った本ですが、仕事が忙しくてなかなか読む暇がありませんでした。テープを聞いてもさっぱりなので、そのままにしていました。しかし、今朝は、背に腹は変えられません。起きてから、二人で練習しまし

た。わたしは飛行機会社の係員で、井口さんが再予約の乗客です。わたしは英語が苦手なので日本語をそのまま言い、彼女が英語で喋ると言った変則会話です。途中、圭ちゃんが見兼ねて、わたしの代役をかってでました。圭ちゃんは、日本語でなく英語で読みました。英語は、三人のうちで圭ちゃんが一番上手でしたが、交渉役はそのまま井口さんにして練習しました。実は、井口さんが本番で話しているあいだ、わたしは会話集を広げて彼女に見えるようにしていたのです。しかし、彼女は本を見ることなく、すらすらとやってのけたのです。全く同じと言っていいくらい、例文集通りに会話が進んだそうです。拍子抜けの感じですが、とにかく、無事再確認を終える事ができたのですから、一同一安心です。急に、お腹が空いてきました。ペンションの女主人に、

「サンキュウ」

と言い、食堂に行きました。

ここの朝食は、豪勢です。井口さんが、

「これで、本当に一人あたり三六〇〇円？　間違いじゃないの。部屋もすごく綺麗だし、圭子さん、もう一度見てみて」

と、言いました。

圭ちゃんは、昨日のチェックインの時のメモ用紙を取り出しました。

「九五〇シリングでしょ。一シリングが一一円ちょっとだから、やっぱり、三六〇〇円ちょっとで、間違いないですよ」

「安いよね。信じられないわね。イグリスも良かったけど、ここも素晴らしいよね。やっぱり、信じられないくらい安いよね。窓のカーテン、テーブルのお花、細かい心遣いが行届いているしね」

何回も、信じられないを連発しているわたしに、井口さんが言いました。

「その通り。この人興奮すると、何回も同じ事言う癖があるからね。さあ、今日はこれから、なんとか山の登山電車に乗るんでしょう。お昼のパンをしっかりつめましょうよ。ね、山上さん」

船着場は、ペンションから二～三〇〇m先にあります。ゆっくり歩いて行きましたので、出発時間ぎりぎりになりました。わたしたちが乗り込むと、船は直に出発しました。乗客はわたしたちを含めて一〇人です。船室はありません。甲板だけの小さな船です。日陰になる場所を探し座りました。爽やかな風が頬を撫でていきます。四森州湖、コモ湖に較べると、このウォルフガング湖はとても小さな湖ですが、とても美しい湖岸の景色が印象的です。

係員がきました。ユウロパスを見せますと、何やらドイツ語で言いました。わたしたちが、きょとんとしていると、今度は、

「ハウメニーパーソン？」

と、聞きました。

「スリー」

と、井口さんが答えました。次に、彼の言ったことがわかりません。彼は言い直しました。

「ウエアー？」

井口さんが、わたしに、

「登山電車のところは、何て言うの？」

ペンションで貰った観光地図を見せました。彼は頷いて、切符にはさみを入れ、

「一一四シリング」と言いました。

圭ちゃんがお金を払いました。わたしたちは納得できません。永井先生によると、ここの船と登山電車は無料の筈です。急いで会話集を見ましたが、この様な場合の表現は載っていません。似たような「あなたは、料金を取り過ぎですよ」という箇所がありました。先の係員が再びやって来たとき、井口さんが、

「イクスキューズミー」

と言い、本を見せました。

係員は何やら言っていますが、全然わかりません。先程の切符を見せるように催促しているようです。切符を見せますと、彼はしきりにある所を指さします。良く見ると、その料金は五〇シリングとなっています。何が何やらさっぱり分りません。埒があかない、と思ったのでしょう、彼は機関室の方に戻って行きました。暫くして、圭ちゃんが言いました。

「ちょっと待って、三人で一一四シリングだから一人三八シリングでしょ。本来なら、五〇シリングの料金が、割引で三八シリングになったのかもしれないよ」

「そうよ、そうよ、きっとそう。圭子さんって頭いいのね」

井口さんがおだてると、

「横で見ていたら、全体の雰囲気が良く分りますからね」

と、圭ちゃんは謙遜しました。

「だけど、ユウロパスだったら無料のはずでしょ。本にもそう書いてあったしね。おかしいね」

まもなく、ザンクト・ウォルフガング・シャフベルグに着きました。目の前に登山電車の乗場があります。どこからやって来たのでしょうか、大勢の人でごったがえしています。列の後に並んで、やっと、切符を買う事ができましたが、ここもまた有料でした。ただし、こちらの方が割引率は五〇％で、少し得をしたような気になりました。係員が入口のところで三人のオーストリア人？とわたしたちを制止しました。汽車は満員のようです。次の汽車まで、四〇分も待たなければなりません。この係員が一〇数m先のホームの係員と大きな声で話し始めました。話し終えると、係員は入口のドアをあけました。ラッキーでした。

二両連結の汽車には、日本人のツアー客が三〇人ほど乗っていました。J社のツアーだそうです。女性の添乗員と、女性の現地案内人が同行しています。現地案内人の女性が、質問してきました。

「どこのツアーですか?」

「わたしたち、三人です」

「すごいですね」

「いえ、冷や汗の連続ですよ。何とかやってるっていうだけですよ」

「宿は予約して来られたんですか?」

「いえ、行き当りばったりです。でも、この辺りの宿泊料は安いですね」

横に座っている女性のツアー客が、

「どのくらいですか?」

と、聞きました。

「ザンクト・ギルゲンのペンションに泊まっているんですが、一人三六〇〇円ですよ。それに、木の温もりのあるとっても素敵なペンションなんですよ。食事もいいし」

「うわーそんな所に泊ってみたい。いいですね。うらやましい」

さらに、別のツアー客が言いました。

「そんなに安いんですか。わたしたち、ツアーだからどのくらいか分りませんが。ザルツブルグだから高いでしょうね」

添乗員さんは嫌な顔をしました。現地案内人の女性が、

「いいホテルだから、一五〇〇〇円くらいはするんじゃないですか」

この後、沈黙が訪れました。圭ちゃんが、わたしたちに景色を見るよう促しました。

「ねえ、すごい所よ」

そうです。話しにばかり興じていないで、外の素晴らしい景色をみなければなりません。汽車は断崖絶壁のような尾根を登っています（写真11）。乗客はみな喚声をあげています。しかも、眼下の湖の景色が素晴らしいので、この喚声には、恐怖感と感動が混じっているかもしれません。下を見ると、わたしたちの汽車のすぐ後から、やはり二両連結の汽車が登ってきています。後の汽車は、わたしたちの汽車よりももっと危険な断崖絶壁を登っているように思えます。

頂上駅に着いたとき、現地案内の女性の方が、

「帰りの時間を言って、切符を貰っておいて下さいね」

と、教えてくれました。

窓口で帰りの時刻を告げ、切符を受け取りました。観光客が多いので同じ汽車に偏らないように、整理券替りの切符を発行しているようです。駅から頂上のレストランまで一〇〇mほど登り、さらに、もう少し奥の行き止まりまで進みました。ここは断崖絶壁で、木の柵が立てられています。ここから、ザルツカンマーグートの北側に位置するモント湖、アッター湖が一望できます。抜群の眺望です。

南側には、いま、汽車で登ってきた斜面が広がっており、その下にウォルフガング湖が見えます。さらに、その上に目を遣ると、雪を被ったアルプスの峰々が広がっています。とても素晴らしい景色です。わたしたちは、南側の斜面を少しづつ下って行き、比較的平らな場所を見つけ、ハンカチや敷物になる紙を広げ昼食の準備にとりかかりました。いつもと同じ内容です。ペンションから持ってきたパン、ジャム、近くのスーパーマーケットで買った飲み物、バナナ、果物です。弾むような気分と素晴らしい見晴しのもとでの昼食です。

「あの下の、少し出っぱった平らな所でサウンドオブミュージックの撮影をしたのかもしれないね」

わたしです。

「そうねえ。きっとそうよ。他に適当な所がないから、きっとあそこよ。ドレミの歌を歌ったんでしょうね。行ってみようか？」

井口さんです。

「往復したら一時間近くはかかりそうね。帰りの汽車に間に合わないよ」

わたしです。

「そうね。記念に、写真を撮りましょうか」

圭ちゃんです。

食事しているところや風景の写真を撮り、帰りの汽車の時間に合せて斜面をゆっくり駅に向って登りました。日本人のツアー客はいません。ハイキングで下って行ったようです。わたしたちも、ハイキングで下れば良かったと思いました。途中の駅まで一時間もあれば行けそうです。帰りの切符はここからです。変更するための会話が出来ないので、諦めて汽車に乗りました。

下の駅に着くと、出口のあたりに掲示板が三枚ほど立ててあり、観光客のスナップ写真が貼ってありました。汽車にのるときに撮ったようです。よくもこれほど沢山撮ったものです。二〇〇枚以上はあったでしょう。わたしたちの写真も三枚ありましたが、誰も買おうと言いません。そのまま通り過ぎましたので、値段はわかりません。

地図を見ますと、ザンクト・ウォルフガングの町まで歩いても、一五分程度です。船は有料でしたので歩くことにしました。写真を撮りながらぶらぶら歩きました。途中、雑誌に載っていた場所で写真を撮りました。教会と湖を背景に、最も美しく撮れる場所です(写真10)。

道路の右側はウォルフガング湖、左側はペンションやホテルです。感じのいいペンションに旗はかかっていません。満室のようです。泊まる気になれないようなペンションには、Zimmer Freiの旗がかかっています。余りにも多くのペンションがありますので、客は迷ってしまいそうです。逆に、経営者側は客の奪いあいで大変なようです。

湖岸沿いの石畳の道の両側に、色々な店が軒を並べています。パン屋さん、肉屋さん、衣料品店、ケーキ屋さん、お土産やさん、郵便局、銀行、教会、ホテル、ガストホフ、それに映画館もあります。広場にある銀行で両替をし、湖岸にあるホテル白馬亭の中の店でおみやげを買いました。ウォルフガングの象徴である教会は、インスブルグやザルツブルグの教会と違って荘厳さはありませんが、田舎の立派な教会といった感じの好感の持てる建物です。わたしたちが、度々、教会を見学するのは、入場料が不要だからです。それに、町の中心的存在であり、古くからの素晴らしい遺産だと思っているからです。一休みした後、めいめいで買物に行くことにしました。別行動は初めてですが、五時の集合までゆっくり買物がしたかったからです。

広場に戻って来て、それぞれが買った物を披露しました。わたしが、自分の首に掛けているスカーフとペンダントを嬉しそうにみせると、二人が言いました。

「いいわね。それ何処で買ったの？　わたしも買いたいわ」

「これいいでしょ。このペンダント、エーデルワイスよ。二〇〇シリング。スカーフは一五〇シリング。セットになったものも売っていたわ」

再び、これを買いに行きました。結局、三人で一五以上は買ったでしょう。いいお土産ができました。

町の東のはずれにセルフサービスの店があると、永井先生から聞いていました。良心的で安いということです。そして、お店のおばさんはとてもいい方だということです。今日の夕食は、そこで食べることにしました。店にはおやじさんと娘さんがいるだけで、おばさんはいませんでした。残念ですが、おばさんがいたところで話しが出来る訳ではありません。美味しそうなウインナーシュニッツェルが陳列トレーにのっています。これにサラダ、丸いじゃがいも、ピクルスを添え、さらにケーキ、コーヒーも注文しました。約一五〇シリングです。食事中は、買物の話題で賑わいました。わたしたちが大きな声で話し笑いますので、おじさんは度々わたしたちを見ます。それとも、わたしの首のブローチとスカーフを見ているのかもしれません。いつもなら、おじさんと娘さんのところに行って、これを見せてあげるのですが、買物の話し以上に楽しいものはありません、おじさんは無視です。突然、おじさんと娘さんが外に出て、テーブルと椅子を片付け始めました。雨が降り出したのです。旅行中、始めての雨です。暫く、待っていると雨は止みましたが、空は曇っています。明日が心配です。

帰りは、ザンクト・ウォルフガングの町から船にのり、ザンクトギルゲンに戻りました。時間は充分あります。ペンションは左側ですが、右側の道を町の中心に向かって歩きました。小さな町ですから、ぐるっと回ってペンションに戻ってもそれほど時間はかかりません。途中、モーツァルトの母親の生家がありました。彼の姉が晩年暮した家でもあるそうです。建物の外壁に二人のレリーフが掛かっていました。時間が遅いので、残念ながら見学は出来ません。記念に、このレリーフと建物の庭にある噴水を写真に撮りました（写真12）。

第九章　モーゼル河畔の町コッヘムへ

七月一七日　曇り後雨

朝、六時に目が覚めました。井口さんと圭ちゃんは眠っています。夜半、雷が鳴っていました。雨が降っているかもしれません。わたしはカーテンを少しあけ外を見ました。地面は濡れていますが、雨は降っていません。しかし、空一面に黒い雲が漂っています。二人が起き出す頃を見計らって、わたしはシャワーにかかりました。これがわたしの日課です。井口さんが、「眠る前にシャワーにかからないなんて信じられないわ。気持悪いでしょう」と、いつも言いますが、これには理由があるのです。女二人がシャワーにかかれば、一時間以上はかかります。少しは気を使っているのです。シャワーにかかりながら思いました。〈楽しい旅行もあと二日を残すだけとなってしまった。今日はドイツに入るが、ドイツではどんな旅行になるんだろうか？〉

まもなく、二人が起き出しました。シャワー室から出たわたしに、二人が、

「おはよう」

と、声をかけました。

「おはよう、夜中に雷が鳴っていたの知ってる？」

「えっ、雷が鳴っていたの？　全然」

「さっきは、雨は降ってなかったけど、今はどうかな？」

外を見ると、小雨が降り始めました。昨日の空模様が続いているようです。でも、今日は移動日で、長時間汽車に乗ることになっていますので幸運でもあります。

朝食を済ませ、わたしたちはスーパーマーケットに昼食の材料を仕入れに行きました。その後で、船着場のあたりを散歩しました。町のお土産屋さんは空いていませんが、船着場の傍のお土産屋さんが一軒だけ空いていました。昨日の買物だけでは足りません。お世話になっている人たちのお土産を買いました。荷物にならないように、小さなレースの敷物、モーツァルトのチョコレートを買いました。これは、帰国してから分った事ですが、このチョコレート、何とメイドインジャパン、明治製菓製なのです。わざわざ、ザルツブルグ近郊で買ったのが、メイドインジャパン。腹が立つやら、馬鹿らしいやら、何とも言えない気持ちになったことを、付け加えておきます。素敵なペンションに別れを告げ、バス停に向いました。この頃には雨は止んでいました。わたしは、晴江で晴れ女ですから、雨も逃げ出したんでしょう。

九時半のバスでザンクトギルゲンを発ち、一〇時半にザルツブルグ駅に着きました。今日の汽車旅行は長旅です。一一時発で目的地のコブレンツには、夕方の五時半に着きます。実に、六時間半もの長時間、汽車に乗ることになります。途中、ウルム、シュッツガルト、ハイデルベルグなど一泊してもよさそうな町が沢山ありますが、予定通り目的地まで行くことにしました。列車に乗ると、コンパートメントの入口の掲示板に予約カードが入れてありました。予約カードには、どこからどこまでと書いてあります。いま空いていても、次の駅から予約客が乗ってくると、席を譲らなければなりません。予約のないコンパートメントはありませんでしたが、誰も乗っていないコンパートメントがありました。次のミュンヘンまで充分時間がありましたので、この間に昼食をとりました。賢明でした。ミュンヘンから多くの乗客が乗り込んできました。今までの列車と違いビジネスマンらしい身なりの客が多くいます。

コンパートメントは、片側が三人がけの向い合った席で六人座れます。席はゆったりしています。わたしたちが脚を伸ばしても向いの席には届きません。ミュンヘンから窓側の予約客が乗ってきました。六〇〜七〇才くらいの老夫婦といった風情です。二人は楽しそうに話しています。でも、言葉が通じませんので、話しが出来ません。

わたしが、例のウォルフガングで買ったアクセサリーをリュックから取り出して首にかけました。井口さんが、

「あれ、それ昨日のと違うわね。あなた、また買ったの？」

「そう、素敵でしょう。エーデルワイスのブローチもいいけど、このブローチもいいでしょう」

「あなた、いくつ買ったの？」

「全部でスカーフが四枚、ブローチが七つ。コモ湖で絹のスカーフ三枚買っていたでしょう。だから、ペアーが七つ」

「あなたって、買うの早いわね。これと思ったら直ぐ買うのね」

「そう、わたしぐずぐずするのが嫌いなの。素敵と思ったら直ぐ買うの」

楽しそうにスカーフとブローチを広げているわたしたちに、婦人が興味を示しました。彼女は、エーデルワイスのブローチを指差し、

「エーデルワイス」

と、言いました。

彼女が質問したのではなく、教えてくれたことは分りました。わたしは、

「イエス、イエス」

と、相槌をうちました。それから、わたしたちがコブレンツで降りるまで、四時間の交流が始まったのです。この二人は、ドイツ語しか話せないようです。言葉は通じませんが、かなり盛り上がりました。わたしはブローチのついたスカーフをはずし、婦人の首にかけました。三人で拍手をすると、彼女はとても喜んで、

「ゼアグート、ゼアグート、ダンケシェーン」

と、言いました。

他の言葉は全く分りません。次に、婦人は自分の鞄から帽子をとり出し、その帽子を被ってみせました。おそらく、旅先で買ったものでしょう。わたしたちも、ドイツ語で、

「グート、グート」

と、言いました。

するとて、彼女はその帽子をとって、今度はわたしの頭にのせてくれました。わたしは、嬉しくなり、立ち上がってポーズをとって見せました。井口さんが、手を叩いて囃したてました。

「晴江ちゃーん、素敵」

老夫婦も、圭ちゃんも一緒になって手を叩いて喜んでくれています。この様子を井口さんがどんどん写真に撮っています（写真13）。わたしが座ってため息をつくと、一同大笑いです。わたしは、婦人に握手を求めました。彼女は心を込めてわたしの手を握ってくれました。次いで、彼女は立ち上がると、リュックからアルバムを出し、わたしたちに見せてくれました。写真には、夫婦の家族が写っているようです。息子さん、お嫁さん、お孫さんでしょう。湖でボートに乗っている写真が何枚もありました。彼女がしきりにボーデン、ボーデンと言っていますので、この湖はボーデン湖のようです。

印象に残る楽しい四時間半は瞬く間に過ぎました。列車は予定通り、一七時三〇分にコブレンツに到着しました。わたしたちは、何度も何度も握手をして別れました。ホームに降りたわたしたちを、夫婦は手を振って見送ってくれました。

駅の両替所で円をドイツマルクに替え、一八時一八分発のトリアー行きに乗りました。急行なので、次の駅が目的地のコッヘムです。到着時間は一八時五〇分ですから、わずか、三二分の旅です。列車はモーゼル川の左岸を上流へと走ります。この間を遊覧船で行くと、五時間もかかります。列車はまもなく、コッヘム駅に到着しました。ヨーロッパでは、駅の周辺は閑散としている所が多いのですが、ここも同様です。駅から歩いて五分のところに、ペンションがありました。今夜は空いているが、明日は満室とのことでした。もう少し先で聞いてみたら、と教えてくれました。少し雨が降り始めました。気持ちは焦ってきます。

さらに、五分くらい歩くと、町の中心に出ました。最初に目に入った三ツ星ホテルで交渉しました。値段が手頃でしたので、ここに泊る事にしましたが、やはり、明日は満室とのことです。バスつきの三人部屋で、一八五ドイツマルク（一八五×八一＝一四九八五円で一人あたり四九九五円）です。ドイツではオーストリアと同様、ホテル代が安いのか、それとも田舎だから安いのかわかりませんが、部屋はとても清潔で綺麗でした。

部屋で少し休み外に出ました。既に、雨は止んでいました。荷物を置いて身軽ないでたちで町に出て見ると、町の様子がよく分ります。なんと、目と鼻の先にガストホフがあるではありませんか。明日の宿泊を交渉に行きました。

「トモロウ、アンドトナイト、オーケー」

愛想のいい若い係の男性が、にこにこしながら返事しました。値段は手頃ですが、むこうはバス付きで、こちらはシャワー付きです。それに、部屋はむこうの三ツ星ホテルに較べて格段に劣ります。考えましたが、他のホテルを探すのは面倒です。頼むことにしました。

「トモロウ、プリーズ」

シャワー付の三人部屋で一五〇マルク（一五〇×八一＝一二一五〇円で一人あたり四〇五〇円）と、かなり割安です。三組の客がこのガストホフのレストランで食事をしています。美味しそうな料理です。愛想のいいお兄さんに会話集の、

「この地方の料理を推薦してください」

と、いう箇所を見せますと、彼はわたしたちを入口の看板のところに連れて行き、ある料理を指差し、

「アイス——、ジスイズデリシアウス」

と、勧めてくれました。

ちょうど、一組の客がこの料理を食べていました。彼はジェスチャーで、あれですよ、と教えてくれました。それを二皿とチキンを一皿注文し、更に、会話集の、

「ワインを飲みたいので、推薦して下さい」

と、いう箇所を見せると、メニューのなかから一六マルクの白ワインを勧めてくれました。彼はサービス精神が旺盛で、写真を撮ってくれたり、途中何度も、

「グート?」

と、聞きます。わたしたちが、

「グート、ゼアグート」

と答えますと、喜んでウインクして見せます。ドイツ人にしては、珍しく人なつこいお兄さんです。お世辞ではなく、料理はとても美味しく値段も手頃で六三マルクでした。

第十章　コッヘム城とモーゼル河クルーズ

七月一八日　晴れ

一〇時ごろ、ホテルを出て、隣りのガストホフに移りました。リュックを置き、身軽になりましたので直に町に出かけました。モーゼル河畔を散歩しながら、今日のスケジュールを考えました。結論が出ませんので、船着場で運航時間を調べることにしました。ヨーロッパ鉄道時刻表や旅行のガイドブックによりますと、ＫＤ社の船はユウロパスは効きますが、他の会社の船は効かないとあります。

窓口においてある無料の時刻表を貰って調べてみると、ＧＫ社は本数は多いのですが、ＫＤ社は一五時五〇分発の一本しかありません。今日は、ライン河畔の町リューデスハイムに行く予定です。汽車で行くしかありません。そうであれば、今からコッヘム駅に行かねばなりません。しかし、モーゼル河の船にも乗ってみたい。思案しながら歩いていると、左岸の上流、右手の丘にコッヘム城が見えました。

これを見ない訳にはいきません。コッヘム城の真下と思われるあたりで城を見上げていますと、地元の人が、ドイツ語で何やら言っています。そして、しきりに狭い石の階段を指差します。意味が分りました。わたしたちが、

「ダンケシェーン」

と、言いますと、

「ビッテシェーン」

と言い、手で上がったり下がったりする仕草をしました。石段を登って行くと、地元の人が言ったように、登ったり、下ったりの連続です。一五分ほどで三叉路に出ました。左側は下りで、右側は登りですから、当然、右側の道を登りました。まもなく、城門が見えてきました。ここから旧市街の様子が手にとるように分ります。先程の下りの道が旧市街に通じているのもよく分ります。城門の横のレストランで六マルクの入場切符を買い、入口へ向いました。城門が入口ですが、閉ったままです。二〇人ほどの人が集ったとき、門が開きました。そして、女性のガイドがやって来て話しを始めました。わたしたちを見て、彼女は、ドイツ語で、

「ヤパーニッシュ？」

と、尋ねました。

「イエス」

と答えると、先程のレストランから日本語の説明書を持って来て、わたしたちにくれました。日本語の説明書があるのですから、かなりの日本人がやってくるのでしょう。

なかなか、立派な城です。説明書によりますと、コッヘム市が管理しているそうです。それで、ガイドがわざわざやってきて城を案内してくれるのです。伊万里焼の壷の飾ってある部屋がありました。大きな壷です。とても高価な物のようですが、わたしたちに、その価値はわかりません。

バルコニーからのモーゼル河の眺めは素晴らしいものでした。上流側は左に曲り、下流側は右に曲っています。即ち、この河は、時計回りに大きく円を描いて流れており、その中ほどにコッヘムの町があるという訳です。この様子を写真に撮りましたが、この感じを巧く捉えることは出来ませんでした（写真14）。

帰りは三叉路から旧市街に通ずる道を下りました。石畳の坂の途中に、お土産屋さん、レストラン、ワイン専門店など種々とりどりの店があります。ワイン屋さんに寄りワインを見ましたが、余りの多さに唖然とするばかりで、結局、何も買わずに出ました。坂の下は旧市街です。昨日の夕方からは思いもよらないほどの人で溢れています。今日は土曜日だったのです。納得がいきました。

セルフサービスのソーセージ屋さんで昼食をとりました。ソーセージ屋さんの前は広場です。広場の中心に噴水があり、その回りにベンチがありました。一時間後にここで落ち合うことにし、買物に出かけました。わたしは登山用のスポーツウエアを買い、時間前にここに戻ってきて、ベンチに腰掛けました。大人も子供もアイスクリームを食べながら歩いています。見渡すと、アイスクリームを売っている店が沢山あります。二人が戻ってきて、買物の報告が終わったとき、わたしが、

「見てよ。あの子の食べているアイスクリーム美味しそうでしょ」

と言うと、井口さんは最後まで聞かないで、

「わかった、わかった、アイスクリーム食べましょう、と言いたいのね」

と茶化しました。

実に美味しいアイスクリームで、値段は四マルクでした。日本で大きなシェアーを持っているドイツのアイスクリームより美味しいと思いました。ここの人たちのように、歩きながら食べました。日本では、こんな事出来ません。

二時半です。今から、リューデスハイムに行くには遅すぎます。あと一時間少しでKD社の船が出ます。予定を変更し、この船にのることにしました。ガストホフで少し休み、船着場に向いました。船に乗り込み、午前中に貰った時刻表をみますと、コブレンツ到着は二〇時一〇分とあります。コブレンツまで、四時間二〇分の船旅です。長すぎますので、途中で降りることにしました。船の中にモーゼル河の大きな地図があります。船着場と鉄道の駅とのおおよその距離が分ります。鉄道は左岸を走っていますので、左岸で降りなければなりません。ビンニンゲンは比較的、鉄道駅に近いようです。到着時間は一九時ちょうどで、ほぼ三時間の船旅です。

一等船室の席につくと、直にウエイトレスがやって来ました。喉が乾いていましたので、飲み物を注文しました。勘定を払う時、うっかりしてチップを渡すのを忘れました。全く、気に留めていなかったのですが、後でとんでもない事が起こりました。甲板に出ると、涼しい心地好い風が吹いています。河岸には、美しい家並が続いています。こちらに泊まるのは今日が最後なんだなあ、と思いました。明日は飛行機にのり、慌ただしい日本に戻らないといけない。出来れば、時間が止って欲しい、と思いました。

暫くして、わたしは一人で船室に戻り、アイスクリームを注文しました。勘定を払い終え、テーブルの上のお釣りを見たとき唖然としました。チップを渡そうとの気持は冷めてしまいました。ウエイトレスは一マルクごまかしたのです。彼女は知らん振りをして行ってしまいました。腹がたちました。わたしは、彼女を呼んで来て、テーブルの上に置かれたコインを指差しました。彼女は最初とぼけていましたが、黙って指差すわたしの迫力に圧倒されたのか、鞄からコインを取り出すとその中の一マルクをテーブルの上におき、謝りもせず行ってしまいました。

まもなく、船は閘門《こうもん》にさしかかりました。閘門を境にして、下流の水面は上流のそれより三mほど低くなっています。船は閘門の右岸側で止まりました。船首側の水門は閉じており、船尾側の水門は開いています。現在の水面は上流と同じです。船尾側の水門が、ゆっくり閉じました。次いで、船首側の水門が開きました。水面は徐々に下がっていき、やがて、下流の水面とおなじ高さになりました。この間一五分程です。うまく考えてあるものです。暫くして、井口さんと圭ちゃんが船室に戻ってきました。彼女たちは、折り紙の親善大使（写真15）を勤めていましたので、先程の閘門での出来事には全く気付いていません。わたしの話しを聞き、残念がりました。

七才くらいの女の子がわたしたちの傍にやってきて何やら言いました。すぐに父親がやって来てこの子を連れて行きました。数分後の一七時四五分、船は右岸のブローデンバッハの町に着きました。先ほどの子と父親、それに数人の子供たちとその親たちが河岸から手をふっています。わたしたちも手を振りました。

「折り紙を教えてあげたんでしょ」

わたしが言うと、圭ちゃんが、

「そう。あの子は実に呑みこみがよく、すぐに覚えてくれたのよ。それに、こちらの人たちもわたしたちに折り紙を教えてくれたのよ」

圭ちゃんが、珍しく興奮しています。彼女の目は輝いています。改めて思いました。言葉など要りません。真心があれば通じ合えます。

「また、いい事をしたね」

控え目な圭ちゃんは、照れ臭そうに笑いました。

暫くして、船は再び閘門を通過しました。今度は左岸側で、先程と全く同じ方法で下流側に移りました。もちろん、今度は、井口さんも圭ちゃんも閘門の通過をしっかり見ました。神様は、良い事をした者には御褒美を下さるようです。

一九時ちょうど、ビンニンゲンに着きました。すぐ傍を鉄道が走っています。踏切を越えて、線路と平行に走っている道路に出ました。船内の地図では、ここから左におれるはずですが、正確な地図ではないのであてになりません。住宅街のなかに、一軒だけお店がありました。

「ウエアーイズレイルウェイステイション？」

ここで尋ねると、店のおじさんがドイツ語で何やら答えてくれました。わかりませんが、手を左側に向け、向うに行くようにと言っています。道路の左側は美しい住宅街で、右側は線路が走っています。舗道をぶらぶらと駅の方に歩きました。住宅の庭の花や樹木を見ながら駅までゆっくり歩きました。駅では、数人の乗客が列車を待っていました。次の列車はコブレンツ行きで、コッヘム行きはさらに三〇分後となっています。出発まで四〇分あります。わたしたちは、再び静かな町を散策しました。

二〇時頃、ガストホフに戻りました。昨夜食べたレストラン、即ち、このガストホフで夕食を食べることにしました。昨夜の愛想のいいお兄さんがいたからです。彼は、ちょうど、仕事を終えて帰るところでした。しかし、わたしたちを見ると戻って来てくれました。食事の前に、彼は小さなグラスに蒸留ワインを入れてきて、テーブルの上におきました。グラスは四つあります。彼はグラスを持って、乾杯をしましょう、とわたしたちを促しました。

「乾杯」

とわたしたちは言い、かれは、

「ブロス」

と言いました。

その後、彼が英語でしきりに何か言っています。始め全然わかりませんでしたが、トモローモーニング、サンデイ、ブレックファスト、アフターナインの四つの言葉だけは、分りました。明日は日曜日ですから、朝食は九時からにして下さい、と言っているようです。

日曜日なので、従業員の出勤時間が遅くなるのでしょう。

「オーケー、オーケー」

と、わたしたちが言いますと、愛想のいいお兄さんは、

「ハブアナイストリップ、バーイ」

と言って、帰って行きました。

今日の昼、わたしと圭ちゃんは、昨日飲んだワインと同じものを一本九マルクで四本譲ってもらっていました。今夜のワインは昨夜より少し高く二二マルクです。わたしは昼間と同じ年配の従業員に、これも買いたいという仕草をしました。彼は店の主人と相談し、紙に一本一二マルクと書いてくれました。わたしと圭ちゃんが二本づつ注文しました。夕食代を支払うとき、わたしはもたもたし、昨日の請求書と今夜の請求書を間違えて、昨夜の六三マルクを払おうとしました。この年配のおじさんは、

「ナイン、ナイン」

と、言いました。

彼は、もう一度今夜の食事代の値段を書いてくれました。四八マルクとあります。わたしは何回もお礼を言いました。

「サンキュー、サンキュー、ダンケシェーン」

第十一章　ライン河クルーズでリューデスハイムへ

七月一九日　晴れ

朝八時四五分、食堂は開いてません。わたしたちはガストホフの外に出て、軒下に掛かっているバスケットを見ていました。それほど大きくない鉢から、ペチュニアの花がいっぱい垂れ下がっています。向いのパン屋さんに、お客さんが沢山やって来ています。車でやって来てパンを買って行きます。今日の朝食のパンの仕入れをしているようです。九時三分に、昨夜の年配の男性従業員と太っちょのおばさんがやって来て、わたしたちに、

「モルゲン」

と、挨拶しレストランの玄関を開けました。

中からテーブルと椅子を出してきて外に並べ、今晩のお勧めメニューの掲示板を入口近くに立てました。わたしたちは中に入り、椅子に腰掛けました。井口さんが

「ここのおばさん、朝食のパンを向いのパン屋に買いに行くかもしれないね。美味しいぬ

くぬくのパンが食べられそうね」

と、言いました。

予想通り、おばさんはパン屋さんに行ってパンを沢山仕入れてきました。その頃になると、さらに二組の宿泊客が席につきました。おばさんは仕入れてきたパンをテーブルの上に並べ、コーヒーか紅茶のいずれか、と尋ねました。飲み物と同時に、ハム、チーズ、果物ののった大きな皿が出てきました。昨夜準備し、冷蔵庫に入れておいたようです。なんとか朝食らしくなりました。

一〇時に発ちました。今日はライン河の遊覧船でリューデスハイムに行く予定です。コブレンツからリューデスハイムまでの船旅は余りにも長く、七時間五〇分もかかります。右岸のザンクトゴアハウゼンか左岸のザンクトゴアあたりから乗れば、リューデスハイムまで五時間です。鉄道は両岸を走っていますが、どちらの駅が船着場に近いのかわかりません。

コブレンツ駅からは、左岸を走るマインツ行きの連絡がたまたま良かったので、これに乗りました。そして、途中のザンクトゴアで降りることにしました。ヨーロッパ鉄道時刻表に、各駅停車はのっていません。ヨーロッパの駅の表示板には、その駅の名前しか書いてありません。次の駅名が書いてありませんので、駅に着く度に必死に駅名を見ました。ザンクトゴアは、見逃してしまいそうな小さな駅でした。わたしたちを含めて六人が降りただけで、乗る人は誰もいません。心細くなって来ました。

幸運な事にライン河はすぐ傍を流れていました。閑散とした駅前の、階段を降りると小さな広場があり、ここで催しものが行なわれていました。楽団の演奏を聞きながら、町の人達が楽しそうにビールやワインを飲んでいます。面白いことに、すぐ傍に臨時の簡易トイレがあり、そこには料金を徴収するトイレ番のおばさんがいました。ビールを飲んだら、トイレが近くなります。その度に、トイレ代を払うなんて信じられません。道路を挟んで、向う側に船着場がありました。モーゼル河と違ってライン河は人が多く、溢れんばかりの人が船を待っていました。

一二時五分発の船に乗りました。荷物を持って一等室に行きますと、リュックの持ち込みは禁止だからトイレの前の通路付近におくように、と言われました。もたもたしながら、リュックを置いて一等室に戻りますと、ローレライの曲が流れていました。日本人乗客へのサービスでしょうか。何とも音色の悪い曲です。右岸側をみますと、特に特徴のない大きな岩場があり、その上で数本の旗が風にゆられています。拍子抜けの感です。かなり、昔のテレビの番組ですが、佐藤オリエさんがライン河を下る船の中で、ローレライの岩場が近付いたとき、ローレライの曲を歌いました。この時、彼女は他の乗客たちにも一緒に歌うように催促しました。が、この歌を知らない客たちは、誰も歌いませんでした。

一四時五〇分にリューデスハイムに着きました。川岸には、鉄道と道路が併走しています。踏み切りを渡り舗道を下流側に一〇分ほど歩くと、リューデスハイム駅です。コインロッカーにリュックを預け、身軽になったわたしたちは今来た道を引き返しました。途中、ワイン博物館に寄りワインの歴史を学びました。学ぶというほど大げさなものではなく、昔のワイン搾り機やワイングラスが陳列してあったに過ぎません。

今日の目当てのつぐみ横町にやって来ました。こんな狭い路地（ドイツ語ではガッセと言います）に、よくもまあこれだけの人がいるものです。お菓子屋、お土産屋、パン屋、ワイン屋、レストランが並んでいます。緩やかな石畳の坂を登った中ほどの右手にあるレストランから楽しそうな音楽と歌声が聞えてきました。昼間から、バンドが演奏し歌手が歌っています。左側のレストランも同様です。なんと、賑やかで楽しい横町でしょうか。夕食時には、もっと盛り上がることでしょう。

突き当りを右に曲り少し歩くと、リフト乗場がありました。ニーダーヴァルトに行くリフトです。沢山の人が順番待ちをしています。二〇分は待たないと乗れないようです。諦めて、引き返しました。先程の三叉路にやって来ましたが、つぐみ横町に入らないでそのまま真っ直ぐ進みました。その少し先に、知る人ぞ知るワイン酒場があります。数ケ月前、NHKのBS放送で紹介された酒場です。そのタイトルは〈父なるライン〉で、日本人スタッフがここを訪れ、ワインを飲んだのです。ここでワインを注文しました。コップいっぱいの白ワインが四・五マルクと格安です。おじさんがわたしたちに、

「ヤパーニッシュ?」

と聞きました。わたしたちが、

「ヤー、ヤー」

と返事しました。

おじさんは、何やら言いながら奥に行き、アルバムを取り出しました。写真には、この

おじさん、奥さん、それに息子さん、そして日本人の小塩節先生、ルー大柴さん、中山忍さんが一緒に写っています。わたしたちが喜んで何回も何回も頷くと、おじさんも嬉しそうに大きく頷きました。一緒に写真に写ることにしました。すると、この様子を見ていた他のお客さんが、にこにこしながら近付いて来て写真を撮ってくれました。わたしたちは昼間からワインを飲んで上機嫌、おじさんは日本の可愛い女優さんと写った写真を見せて上機嫌。数枚写真を撮った後、上機嫌どうしが何度も握手をして別れました。

リューデスハイム発一八時の列車でフランクフルト空港に向いました。ヨーロッパ時刻表で予め調べていましたので、この列車は飛行場までの車両とマインツまでの車両からなっていることは分っていました。しかし、ワインでいい気持になったわたしたちは、自分たちの車両の行く先を確認しないで乗りました。七時半、汽車は止ったまま動きません。ちょっと、変です。圭ちゃんが言いました。

「さっき、車掌さんが通路を通って行くとき、たしか、フィニシュと言ったような気がするけど」

「そんなこと言った」

わたしたちは外を見ました。どうもおかしい。フランクフルト空港ではありません。わたしたちは思い出しました。空港でなかったら、ここはマインツ駅の筈です。でも、田舎の駅のようです。わたしたちは、蒼い顔をしてプラットホームに降りました。ほっとしました。駅名はマインツとなっています。このホームは本ホームから離れており、回りが田舎のように見えたのです。

さあ、飛行場までの汽車に乗りかえないと。幸いにも、マインツと飛行場間は列車の本数が多く、飛行場にはほぼ予定通り一八時に着きました。フランクフルト飛行場はあまりにも巨大です。圧倒されそうです。すぐに、搭乗手続をしなければなりません。ここからが未知の世界です。案内板のＤｅｐａｒｔｕｒｅとＫＥの文字を頼りに進みました。大韓航空の受け付けは別のターミナルにありました。標識通り進んで行くと、ターミナル間を結ぶ電車のホームに出ました。数分で別のターミナルに着きました。さらに、標識に沿って階段を降りますと、受け付けがありました。チェックインが始っていましたので、切符を出しますと、ドイツ人の係員は何やら言いながら切符を受け取り、コンピュータに向いました。後は日本の受け付けと全く同じです。係員は何やら説明しながら、ソウルまでの切符とソウルから福岡までの二枚の切符を三人分くれました。搭乗口のゲート番号の説明は分りましたが、他はわかりません。しかし、搭乗切符があれば心配いりません。飛行場でのチェックインは、思ったより簡単に行きました。あとは飛行機に乗るだけです。よく三人でやってこれたものだと思いました。

おわりに

海外旅行を満足のいくものにするには、次の条件が揃っていなければならないでしょう。旅行費用が安価なこと、宿泊が快適なこと、旅行先が安全なこと、食事が美味しいこと、荷物が軽いこと、靴が足に合っていること、言葉の不安がないこと。これらがクリアできれば、旅行は楽しく素晴らしいものになることでしょう。

航空会社は大韓航空でした。ヨーロッパ往復九五八〇〇円と格安の料金です。行きはチューリッヒ着で、帰りはフランクフルト発です。搭乗曜日と搭乗地の組合せで目的地を選択することが出来ます。行きの木曜日はチューリッヒまたはローマまでの便がありました。帰りの日曜日はフランクフルトまたはパリ発でした。今回は、永井先生の学会に合せて、上の組合せを選びました。それを基にして、旅行先をスイス、イタリア、オーストリア、ドイツに決めました。大韓航空は恐ろしいとの印象がありますが、ソウルでの乗り継ぎ時間が短く、エコノミクラスでも座席がゆったりしており、それに運賃が格安ですのでこれに決めました。サービスは他の航空会社と大差ありません。ヨーロッパでの移動はユーロパスが便利です。人数、年齢、日数、旅行する国の数によって種々のパスが発行されていますが、今回は、一五日間有効のパスを求めました。一等乗車で六二八〇〇円です。パスの値段は、円とドルの交換レートで決ります。

宿泊は、予約の必要は全くありませんでした。現地で当日探しましたが、特に困ったことはありませんでした。始めの宿が空いていないときは、紹介してもらいました。夜の九時過ぎに着いたときは少し心配になりましたが、それでも泊れなかったことはありません。有名な観光地と都会は少し割高です。最も高かったのがインスブルグ近郊のイグリスで一人あたり五八〇〇円でした。それでも、バス付でこの値段ですから、日本に較べて割安です。バスにこだわらないで、シャワー付にしたらもう少し安くなりました。最も安かったのがイタリアのベラッジョで一人あたり三三〇〇円でした。しかし、正直言って、このホテルには二度と泊まりたくありません。オーストリアのザンクトギルゲンのペンションは木の温もりのする素敵な部屋で、値段も三六七〇円と格安でした。ペンションを主に時々ホテル（三星まで）に泊まりましたが、朝食付で平均四六〇〇円でした。一〇泊のうちバス付はわずか二泊のみでしたが、イタリアを除けば、シャワー室は清潔でしっかりした設備でしたので、全く不自由はありませんでした。夏は、シャワーで充分だと思います。

旅行先の決定はそれぞれの好みがありますので、一概にこうだと論ずることは出来ないと思います。金持の食道楽は、ビジネスクラスにのり、高級ホテルに泊まり、高級レストランで地元料理を味わえばよいと思います。花の好きな人はアルプスを散策したいと思い、絵画に興味のある人はパリの美術館を回りたいと思い、モーツァルトに興味のある方は、ザルツブルグおよび彼の旅した地を巡りたいと思うでしょう。感受性のない人は、システィーナ礼拝堂の天井画を見ても感動せず、ブレンナー峠を通っても中世の偉人に想いをはせず、トスカーナやロンバルディを旅してもレオナルド・ダビンチを思い浮べないでしょう。さらに、知識がなければ、いかなる対象物をみても見落としてしまうでしょう。旅を楽しくするには、少しばかり勉強して予備知識をもつことが大切だと思います。憂鬱になる受験勉強と違って、この勉強は結構楽しいものでした。勉強しているうちに、気分も盛り上がってきますので、旅行はますます楽しいものになりました。

食事も大切なものの一つです。日本食に慣れている人、食事は一日三度食べるものという固定観念にとらわれている人、それに美食家は、こちらでの食事は口に合わないと思います。朝食はペンションで、昼食は軽く、夕食にお金をかけるのがいいと思いましたので、そのようにしました。ポントレジーナでのフォンデ料理は忘れられません。豪勢に一人あたり六〇〇〇円も奮発しましたが、充分満足出来るものでした。普通の夕食は、ワインを一本添えても一人当り三〇〇〇円ほどで済みました。料理が分からないときは、地元の人が食べているおいしそうな料理と同じものを注文しました。これが無難だと思います。こちらの一人分は多めなので、同じものを注文せず、種類の違うものを注文し、分けあって食べるのが賢明だということも学びました。人数の多い時は少な目に注文し、人数分のお皿をもらうのがいいと思います。日本で知られている地元料理は、安心して頼めますが、そうでない地元料理は、往々にして口に合わないこともあるようです。

一日あたりの費用を計算してみました。平均四六〇〇円のペンションに泊り、スーパーマーケットで昼食の材料を五〇〇円ほどで仕入れ、見物代に一〇〇〇~二〇〇〇円、夕食に約二〇〇〇円とすると、一日平均八一〇〇円~九一〇〇円でした。宿泊代は驚くほど安いのですが、食事代は基本的に日本と大差ありません。飲物は日本よりも高いようです。ジュースやコーラ類それにミネラル水の値段はビールやワインのそれとほぼ変りませんので、いきおい、アルコールを飲むようになります。

荷物のことになりますが、三〇L程度のリュックとこれにしまうことの出来る小さなリュック(女性ならカバンと兼用になるものがいいと思います)、しまうと小さくなる袋それにパスポートや航空券等貴重品が入るウエストポーチは必携でしょう。リュックに入れるものは、着替、傘、洗面道具です。小さなリュックや袋はハイキングに出かける時に、必要なものです。スーツケースは絶対に禁物です。疲れて重くなれば、他の人に迷惑をかけることになります。

靴のことになりますが、はきなれた運動靴がいいでしょう。モンブランやマッターホルンの本格的な登山ともなれば登山靴が必要ですが、これは重いので平地の歩行には適していないと思います。底の分厚くないハイキングシューズなら軽いので、くたびれません。小さい靴は、靴擦れができるので避けるべきです。ふだん、日本でハイキングやトレッキングをしている人には、こんなことを説明する必要は全くありませんが、そうでない人は、スポーツ店の方のアドバイスを受け、少なくとも、出発前には充分はき慣れておくことが必要でしょう。

衣服ですが、七、八月の夏期でも、二〇〇〇m級の登山には防寒衣が必要です。ことさら厚着をする必要はありません。ウィンドブレーカーのような薄い防寒衣で充分です。マッターホルンのような四〇〇〇m級の山では寒さがこたえます。こちらの人達は、真冬に着るような防寒衣に身を包んでいます。セーターでもいいと思いますが、少し荷物になるでしょう。下着を重ね着しても短時間であれば寒さを防ぐことは出来ます。

最後に言葉の問題ですが、わたしたちもこれが最も心配でした。しかし、案ずるより産むは易しでした。何とかなりました。モーゼル河のウエイトレスを除けば、みな親切で心暖かい人たちばかりでした。ハートがあれば、ある程度の交流は出来ると思いました。わたしたちのうちでは、井口さんがほんの少しだけ英語が話せる程度です。会話は、挨拶、買物、部屋の予約だけだと言っても過言ではありません。この程度ならほんの少し勉強すれば誰にでも出来ます。それに、最近、小型の自動翻訳機も出ていますので、会話集以上の威力を持った助手になるかもわかりません。おそらく、この旅日記を読まれた方は、自信を持たれたと思います。お仕着せのツアーでなく、是非、御自分の脚で出かけられることを希望して止みません。

著者プロフィール
永井チロル（ながいちろる）
1944年生まれ。
産業医科大学内科助教授、同産業保健学部教授を経て、
現在、福岡県で内科循環器科を開業中。
趣味：旅行、園芸、モーツアルトとルノアールの鑑賞。
旅行のホームページ『ヨーロッパの田舎の旅』
を開設中。
http://www3.ocn.ne.jp/~tirol-on/
山上晴江（やまがみはるえ）
1956年生まれ。
趣味：山登り、旅行、絵画観賞、園芸、
パッチワーク。

誰にでも行けるヨーロッパ旅行

2000年4月15日　初版第1刷発行
2002年4月15日　初版第2刷発行

著　者　永井チロル
発行者　瓜谷綱延
発行所　株式会社文芸社
〒160-0022 東京都新宿区新宿1－10－1
電話03-5369-3060（編集）
03-5369-2299（販売）
振替00190-8-728265

印刷所　株式会社フクイン

乱丁・落丁本はお取り替えします。
ISBN4-8355-0047-4 C0095